Appetit auf Gemüse

Frisches Gemüse ist immer mehr gefragt, weil es so gut schmeckt und gesund ist. Bringen Sie mit den vielen Gemüsesorten Abwechslung in Ihren Speisezettel. Lassen Sie sich von den brillanten Farbfotos anregen und probieren Sie aus, wie leicht sich Gemüse mit vollwertigen Zutaten wie Getreide, Hülsenfrüchten und Kartoffeln, mit naturbelassenen Fetten und frischen Kräutern kombinieren läßt. Übrigens – Zutaten und Gewürze, die Ihnen vielleicht noch nicht geläufig sind, bekommen Sie in Naturkostläden und Reformhäusern. Dort wird man Sie auch gerne beraten. Lesen Sie dazu bitte auch den »Wichtigen Hinweis« auf Seite 64.

Die Farbfotos gestalteten Odette Teubner und Kerstin Mosny.

2

Wenn Sie sich gesund ernähren und schlank bleiben möchten, greifen Sie zu Gemüse. Denn bei einem Minimum an Kalorien/Joule enthält es mehr Vitamine und Mineralstoffe als alle übrigen Lebensmittel.

Das alles steckt im Gemüse:
1. Vitamine: vor allem Carotin (eine Vorstufe von Vitamin A), Vitamin C, E, K, B_6 und Folsäure. Folsäure ist unter anderem am Zellaufbau und an der Bildung roter Blutkörperchen beteiligt. Da es beim Kochen zu 50–95% zerstört wird, sollten Sie Gemüse oft roh essen.

2. Mineralstoffe: vor allem Kalium, Magnesium und Eisen. Besonders positiv: Gemüse enthält nur sehr wenig Natrium. Natrium – ein Bestandteil des Kochsalzes – kann an der Entstehung von Bluthochdruck beteiligt sein.
3. Sekundäre Pflanzenstoffe: Dazu zählen zum Beispiel Aroma-, Geschmacks- und Farbstoffe. Einige sekundäre Pflanzenstoffe (zum Beispiel im Meerrettich und im Knoblauch) haben heilkräftige Wirkungen.
4. Ballaststoffe: Sie sind unverdaulich, aber unentbehrlich, denn sie tragen zu einer schnelleren und länger anhaltenden Sättigung bei, regen die Darmtätigkeit an, können Darmerkrankungen vorbeugen und den Cholesterinspiegel senken.

Nitrat im Gemüse

Nitrat ist eine Stickstoffverbindung, die von Natur aus in vielen Lebensmitteln vorkommt. Nitrat selbst ist nicht schädlich, doch durch Umwandlungsprozesse können Nitrosamine entstehen, die krebserregend sein können. Der Nitratgehalt im Gemüse hängt ab:
• Von der Düngung: Überdüngtes Gemüse enthält mehr Nitrat.
• Von der Gemüseart: hohen Nitratgehalt haben: Feldsalat, Fenchel, Kohlrabi, Kopfsalat, Kresse, Mangold, Radieschen, Rettich, Rhabarber, rote Beten und Spinat. Mittleren Nitratgehalt: Chinakohl, Endiviensalat, Grünkohl, Sellerie, Weißkohl, Wirsing und Zucchini.
• Von der Jahreszeit: In den lichtarmen Monaten ist der Nitratgehalt höher als im Sommer. Gemüse und Salat aus dem Treibhaus sind stärker belastet als Freilandgemüse – das gilt auch für Gemüse aus kontrolliert-ökologischem Anbau.
• Vom Erntezeitpunkt: Am Spätnachmittag und Abend ist der Nitratgehalt geringer als morgens, denn Nitrat wird durch das Licht abgebaut.

Gemüse einkaufen

Frisches, ausgereiftes Gemüse hat den höchsten Gehalt an Vitaminen und Mineralien und

Kaufen Sie möglichst Freilandgemüse aus Ihrer näheren Umgebung. Am besten ist natürlich Gemüse aus kontrolliert-ökologischem Anbau

schmeckt am besten. Es enthält auch weniger Nitrat als »junges zartes«, also noch nicht ganz gereiftes Frühgemüse. Kaufen Sie Freilandgemüse am besten aus Ihrer näheren Umgebung. Das ist meist frischer und enthält weniger Schadstoffe und Nitrat als Treibhausgemüse. Am besten ist es, wenn Sie Gemüse aus kontrolliert-ökologischem Anbau bekommen, denn bei dieser Wirtschaftsweise dürfen weder Mineraldünger noch chemische Pflanzenschutzmittel verwendet werden. Importgemüse sollten Sie jedoch besser meiden. Im Gegensatz zur Bundesrepublik ist nämlich in vielen Ländern die radioaktive Bestrahlung von Lebensmitteln erlaubt. Ihre Einfuhr ist zwar verboten, doch eine Kontrolle ist sehr schwierig. Bestrahltes Gemüse und Obst sieht zwar frisch aus, doch sein Nährwert entspricht eher dem von eingekochten Lebensmitteln. Möglicherweise sind beim Verzehr von bestrahlten Produkten gesundheitsschädigende Spätfolgen zu befürchten.

Gemüse aufbewahren

Gemüse sollte so frisch wie möglich auf den Tisch kommen. Manchmal läßt sich eine kurzzeitige Vorratshaltung jedoch nicht vermeiden. Heben Sie dann Gemüse und Salat immer kühl und vor Licht geschützt auf. Am besten im Gemüsefach des Kühlschranks (ausgenommen Tomaten und Kartoffeln). Größere Mengen können Sie auch in einem kalten Keller, an kalten, aber frostfreien Tagen auf

Zum Aufbewahren das Gemüse am besten in ein feuchtes Tuch wickeln

dem Balkon oder der Terrasse frisch halten; am besten in Steinguttöpfen oder anderen lichtundurchlässigen Gefäßen. Um das Gemüse vor dem Austrocknen oder Welkwerden zu schützen, packen Sie es locker in ein feuchtes Tuch ein. Wurzelgemüse bleibt in feuchter Erde oder feuchtem Sand an einem kühlen Ort längere Zeit frisch.

Gemüse schonend zubereiten

1. Salate und Gemüse kurz, aber gründlich waschen – stark verschmutztes Gemüse sowie Blattsalate in stehendem, mehrfach erneuertem Wasser. Wurzelgemüse sauber abbürsten.
2. Gemüse putzen, wenn nötig, dünn schälen. Bitte denken Sie daran: Vitamine, Mineralstoffe, sekundäre Pflanzenstoffe und Ballaststoffe befinden sich meist in oder dicht unter der Schale! Nitrathaltige Teile wie

Strünke, Blattstiele, große Blattrippen und äußere Blätter entfernen.
3. Gemüse zerkleinern und sofort weiterverarbeiten: entweder dünsten oder, wenn es als Frischkost auf den Tisch kommen soll, sofort mit der Salatsauce, Zitronensaft oder Essig mischen, um Vitamin C zu schützen.
4. Dünsten ist die beste Garmethode, um Vitamine und Mineralstoffe zu erhalten: Dazu das Gemüse mit sehr wenig Wasser in einen dicht schließenden Topf füllen, bei höchster Stufe ankochen, dann die Temperatur so weit zurückschalten, daß das Gemüse gerade noch köchelt.
5. »Topfgucken« vermeiden und nur umrühren, wenn es unbedingt notwendig ist. Gegebenenfalls den geschlossenen Topf kräftig schütteln. Das Gemüse nicht zu weich kochen. Butter, Sahne, Öl, gemahlene Gewürze, Kräuter, eventuell etwas rohes feingeschnittenes Gemüse zum Schluß hinzufügen, nicht mehr kochen.
6. Das Gemüse möglichst sofort servieren. Längeres Warmhalten oder Stehenlassen vermeiden, da das die Bildung von Nitrosaminen fördern und hitzeempfindliche Vitamine zerstört. Eventuell müssen die Speisen rasch im kalten Wasserbad abgekühlt und im Kühlschrank aufbewahrt werden. Bitte denken Sie daran: Stark nitrathaltiges Gemüse nicht wieder aufwärmen. Säuglinge und Kleinkinder sollten überhaupt kein aufgewärmtes Gemüse bekommen.

Kürbiscreme-suppe

Zutaten für 4 Personen:

2 Eßl. Mandeln
250 g Kürbis (vorbereitet gewogen)
70 g Zwiebeln
250 g mehligkochende Kartoffeln
35 g Butter
2 Eßl. gekörnte Gemüsebrühe
1/4 l naturtrüber Apfelsaft
3 Eßl. Crème fraîche
Meersalz
1/4 Teel. Zimtpulver
1 Teel. abgeriebene unbehandelte Zitronenschale
1–1 1/2 Teel. Zitronensaft
2 Teel. frische Ingwerwurzel, fein gerieben
einige Melisseblättchen

Raffiniert

Pro Portion etwa:
1200 kJ/290 kcal
4 g Eiweiß · 19 g Fett
22 g Kohlenhydrate
3 g Ballaststoffe

• Zubereitungszeit: etwa
  45 Minuten

1. Die Mandeln längs in dünne Scheibchen schneiden. Dann ohne Fett unter Umwenden goldgelb rösten.

2. Den Kürbis schälen, das weiche Innere entfernen. Das Fruchtfleisch grob raspeln. Die Zwiebeln würfeln. Die Kartoffeln schälen und klein würfeln.

3. Die Zwiebeln und die Kartoffeln in der Butter unter Umwenden 2–3 Minuten anschwitzen. Den Kürbis, die gekörnte Brühe und 600 ccm

Wasser dazugeben. Zugedeckt bei schwacher Hitze in etwa 12 Minuten weich garen.

4. Das Gemüse mit dem Pürierstab fein pürieren, eventuell durch ein Sieb streichen.

5. Den Apfelsaft, 150 ccm Wasser und die Crème fraîche in die Suppe rühren. Mit Salz, dem Zimt, der Zitronenschale, dem Zitronensaft und dem Ingwer würzen. Die Suppe unter Umrühren erwärmen, aber nicht mehr kochen. Die Suppe mit den Mandeln und einigen Melisseblättchen bestreuen.

Kichererbsen-Gemüsesuppe

Zutaten für 4 Personen:

80 g Kichererbsen
1 1/2 Eßl. gekörnte Gemüsebrühe
1/2 Lorbeerblatt
130 g Blumenkohl
80 g Möhren
60 g Staudensellerie
50 g hellgrüne oder gelbe Paprikaschoten
1 Bund Petersilie
150 g Tomaten
1/2 Bund Majoran
25 g Butter
Meersalz
Muskatnuß, frisch gerieben

Braucht etwas Zeit

Pro Portion etwa:
570 kJ/140 kcal
6 g Eiweiß · 6 g Fett
14 g Kohlenhydrate
5 g Ballaststoffe

• Quellzeit: 10–12 Stunden
• Zubereitungszeit: etwa 1 Stunde

1. Die Kichererbsen waschen und in 1/2 l Wasser 10–12 Stunden quellen lassen.

2. Die gekörnte Brühe und das Lorbeerblatt dazugeben. Die Kichererbsen zugedeckt in 30–40 Minuten bei schwacher Hitze weich kochen.

3. Das Gemüse waschen und putzen. Den Blumenkohl in kleine Röschen teilen, den Strunk in dünne Scheiben schneiden. Die Möhren in dünne Scheiben, den Sellerie in Streifen schneiden; das Selleriegrün beiseite legen. Die Paprikaschoten würfeln. Die Petersilienstengel fein hacken und zum Gemüse geben.

4. Das Lorbeerblatt aus den Kichererbsen entfernen. 3/4 l Wasser dazugießen und aufkochen. Das Gemüse dazugeben und zugedeckt in etwa 8 Minuten bißfest garen.

5. Die Tomaten würfeln, etwa 2 Minuten in der Suppe ziehen lassen. Die Petersilien- und Sellerieblättchen sowie den Majoran hacken und mit der Butter in die Suppe rühren. Mit Salz und Muskat abschmecken.

Bild oben: Kürbiscremesuppe
Bild unten:
Kichererbsen-Gemüsesuppe

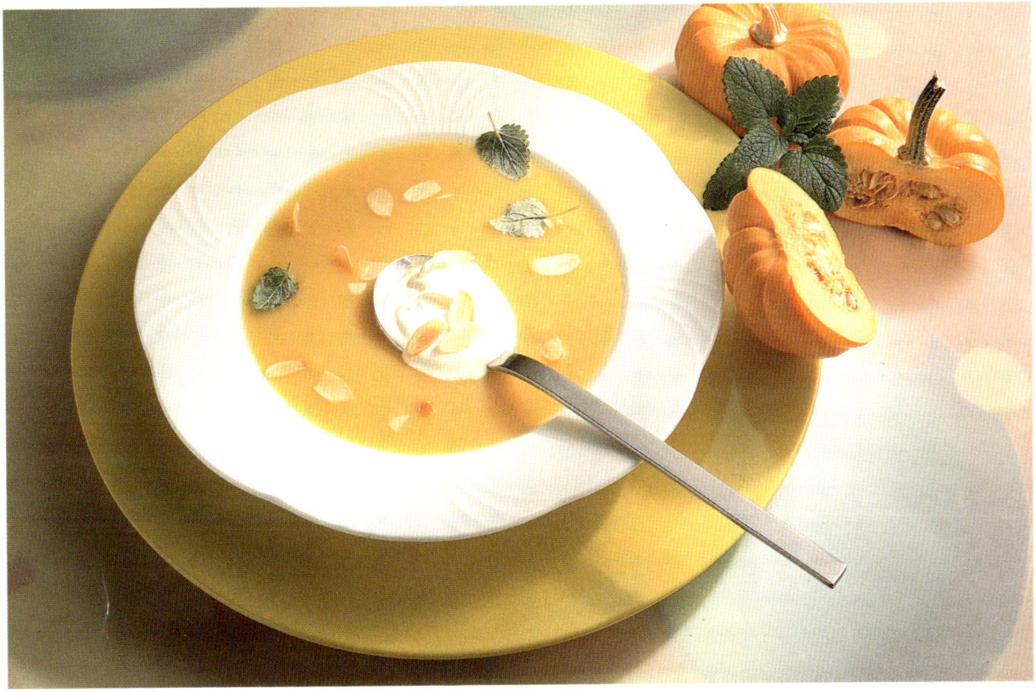

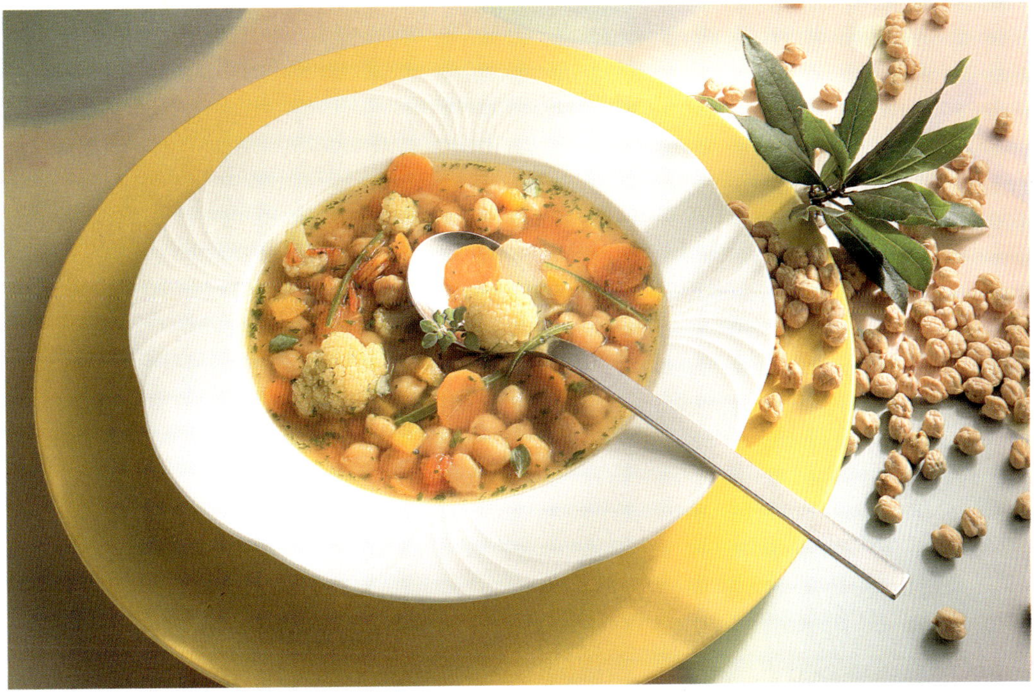

Zucchinisuppe mit Tomaten

Wenn Sie diese Suppe mit großen Zucchini zubereiten möchten, sollten Sie sie schälen und das weiche Innere mit einem Löffel oder Kugelausstecher entfernen.

Zutaten für 2 Personen:
1 kleine Zwiebel
1 Eßl. Sonnenblumenöl, kaltgepreßt
1 Eßl. gekörnte Gemüsebrühe
300 g junge Zucchini
je 1 Teel. Bohnenkraut und Thymian
125 g reife, aromatische Tomaten
1 Eßl. saure Sahne
2 Eßl. Crème fraîche
1 Knoblauchzehe
1 Handvoll Kräuter (zum Beispiel
Petersilie, Dill, Basilikum, Majoran),
frisch gehackt
Currypulver
Cayennepfeffer

Gelingt leicht

Pro Portion etwa:
660 kJ/160 kcal
5 g Eiweiß · 12 g Fett
8 g Kohlenhydrate
4 g Ballaststoffe

• Zubereitungszeit: etwa
  30 Minuten

1. Die Zwiebel würfeln. Das Öl in einem Topf erhitzen. Die Zwiebel hinzufügen und darin glasig dünsten. 1/4 l Wasser und die gekörnte Brühe dazugeben und aufkochen lassen.

2. Die Zucchini waschen, raspeln und mit dem Bohnenkraut und dem Thymian in die Brühe rühren. Die Suppe etwa 5 Minuten bei mittlerer Hitze kochen.

3. Die Tomaten waschen und entkernen. Das Innere in die Suppe geben, und alles mit dem Pürierstab pürieren. Das Tomatenfleisch klein würfeln und beiseite stellen.

4. Die saure Sahne mit der Crème fraîche verquirlen und in die Suppe rühren. Den Knoblauch dazupressen.

5. Die Kräuter hinzufügen, die Suppe mit je 1 Prise Curry und Cayennepfeffer abschmecken. Die Tomatenwürfel darüber streuen.

Spargelsuppe mit Avocado

Zutaten für 4 Personen:
650 g grüner Spargel
30 g Dinkel, feingemahlen
2 Gemüsebrühwürfel
2 vollreife Avocados (je etwa 250 g)
4 Eßl. Crème fraîche
2 Eßl. Zitronensaft
20 g Butter
1 Handvoll junge Sauerampfer-
blättchen und etwas Petersilie,
frisch gehackt
weißer Pfeffer, frisch gemahlen
Meersalz
Zum Garnieren: einige Gänse-
blümchen, 1 Löwenzahnblüte

Raffiniert

Pro Portion etwa:
1600 kJ/380 kcal
6 g Eiweiß · 38 g Fett
8 g Kohlenhydrate
6 g Ballaststoffe

• Zubereitungszeit: etwa
  1 Stunde

1. Den Spargel waschen, das untere Drittel schälen, holzige Enden abschneiden.

2. Die Abfälle mit Wasser bedeckt in einem Topf aufkochen und bei schwacher Hitze 15–20 Minuten kochen.

3. Inzwischen den Spargel in Stücke schneiden, die Spitzen beiseite legen.

4. Die Spargelbrühe absieben, mit Wasser auf 1200 ccm ergänzen und in einen Topf füllen. Den Dinkel mit dem Schneebesen unterrühren und aufkochen. Die Brühwürfel und die Spargelabschnitte hinzufügen und etwa 7 Minuten bei schwacher Hitze kochen. Dann die Spargelspitzen dazugeben und weitere 3 Minuten kochen.

5. Die Avocados schälen, entkernen und mit der Crème fraîche und dem Zitronensaft fein pürieren.

6. Die Suppe von der Kochstelle nehmen. Das Avocadopüree, die Butter und die Kräuter unterrühren. Die Suppe mit Pfeffer und Salz abschmecken und mit Gänseblümchen und den abgezupften Blütenblättern der Löwenzahnblüte bestreuen.

Im Bild oben:
Zucchinisuppe mit Tomaten
Im Bild unten:
Spargelsuppe mit Avocado

Rosenkohl- salat mit Champignons

Zutaten für 2–3 Personen:
Für die Sauce:
1/4 Teel. Meersalz
1 Teel. mittelscharfer Senf
2 Eßl. Sherryessig
3 Eßl. Weißweinessig
1 Eßl. Wasser
3 Eßl. Sahne
3 Eßl. Joghurt
2 Teel. Schalotten, fein gewürfelt
2 Teel. Petersilie, frisch gehackt
schwarzer Pfeffer, frisch gemahlen
Für den Salat:
150 g Rosenkohl
150 g Champignons
50 g Walnußkerne

Gelingt leicht

Bei 3 Personen pro Portion etwa:
760 kJ/180 kcal
7 g Eiweiß · 15 g Fett
5 g Kohlenhydrate
4 g Ballaststoffe

• Zubereitungszeit: etwa
  35 Minuten

1. Zuerst alle Zutaten für die Sauce kräftig verrühren.

2. Den Rosenkohl waschen, putzen und auf der Rohkostreibe fein hobeln. Die Sauce unterheben.

3. Die Pilze möglichst nur mit Küchenkrepp reinigen, dann in Scheibchen schneiden. Die Nüsse grob zerbrechen. Alle Zutaten mischen und auf Tellern anrichten.

Puffbohnen- salat mit Tomaten

Dieser Sommersalat reicht als Vorspeise für 4, als leichte Hauptmahlzeit für 2 Personen.

Zutaten für 4 Personen:
1 Bund Bohnenkraut
1 Teel. gekörnte Gemüsebrühe
300 g Puffbohnen/Dicke Bohnen
(mit Schoten etwa 1 kg)
6 Eßl. Apfelessig
1/2 Teel. mittelscharfer Senf
Meersalz
schwarzer Pfeffer, frisch gemahlen
2 Eßl. Olivenöl, kaltgepreßt
1 Eßl. Sonnenblumenöl, kaltgepreßt
75 g junge Sommerzwiebeln mit Grün oder Frühlingszwiebeln
150 g frisch gekochte kleine Pellkartoffeln
300 g reife, aromatische Tomaten
100 g Schafkäse
1 Handvoll frische Kräuter (zum Beispiel Basilikum, Petersilie, Estragon und Dill), frisch gehackt
1 kleiner Bataviasalat

Braucht etwas Zeit

Pro Portion etwa:
1200 kJ/290 kcal
13 g Eiweiß · 16 g Fett
23 g Kohlenhydrate
4 g Ballaststoffe

• Zubereitungszeit: etwa
  1 1/2 Stunden

1. Das Bohnenkraut waschen. Das obere Drittel abschneiden und beiseite legen. 1/4 l Wasser mit der gekörnten Brühe und dem restlichen Bohnenkraut aufkochen. Die Puffbohnen dazugeben und zugedeckt etwa 10 Minuten kochen lassen.

2. Das zurückbehaltene Bohnenkraut hacken, mit dem Essig, dem Senf, Salz und Pfeffer verrühren. Beide Ölsorten darunterschlagen.

3. Die Sommerzwiebeln waschen und hacken. Die Kartoffeln schälen und klein würfeln. Die Bohnen abtropfen lassen und dazugeben. Die Marinade untermischen und den Salat etwa 30 Minuten durchziehen lassen.

4. Die Tomaten waschen und achteln, den Käse würfeln. Die Tomaten, drei Viertel des Käses und die Kräuter unter den Salat heben.

5. Den Bataviasalat waschen, trockenschwenken, etwas zerpflücken und vier Teller damit auslegen. Den Puffbohnensalat darauf anrichten und mit dem restlichen Schafkäse bestreuen.

Im Bild oben:
Rosenkohlsalat mit Champignons
Im Bild unten:
Puffbohnensalat mit Tomaten

Spargel-frischkost

Zutaten für 4 Personen:
Für die Sauce:
6 Eßl. Joghurt
8 Eßl. saure Sahne (etwa 120 g)
2 Teel. mittelscharfer Senf
3 Eßl. Zitronensaft
2 1/2–3 Eßl. Weißweinessig
Meersalz
weißer Pfeffer, frisch gemahlen
2 Eßl. Zitronenmelisse, frisch gehackt
Für den Salat:
400 g weißer Spargel
150 g gemischter Salat; zum
Beispiel Feldsalat, junge Spinat-
blätter, Kopfsalat und Rauke (Rucola)
1 Handvoll Kerbel
2 kleine, vollreife Avocados
2 Eßl. Zitronensaft
1 Möhre

Für Gäste

Pro Portion etwa:
1100 kJ/260 kcal
6 g Eiweiß · 25 g Fett
5 g Kohlenhydrate
5 g Ballaststoffe

• Zubereitungszeit: etwa
  40 Minuten

1. Zuerst alle Zutaten für die Sauce verquirlen. Sie sollte ziemlich sauer schmecken.

2. Den Spargel waschen, schälen und die holzigen Enden abschneiden. Die Stangen schräg in 1–2 cm breite Stücke scheiden. 8 Spitzen zum Garnieren beiseite legen.

3. Den gemischten Salat putzen, waschen und trockenschleudern. Größere Blätter et-

was zerteilen. Den Salat auf vier großen Tellern ausbreiten und mit den abgezupften Kerbelblättchen bestreuen.

4. Die Avocados schälen, längs halbieren und entkernen. Das Fruchtfleisch längs in dünne Scheiben schneiden und mit dem Zitronensaft einpinseln. Die Avocados und den Spargel auf dem Salat anordnen. Die Sauce darüber geben.

5. Von der Möhre mit dem Fadenschneider Streifen abziehen. Den Salat mit den Möhrenstreifen und den zurückgelegten Spargelspitzen garnieren.

Melonencocktail

Zutaten für 4 Personen:
1 Cantalupe-Melone (500–660 g,
ersatzweise 1 Ogenmelone)
2 Teel. Himbeeressig
200 g saure Sahne
5 Eßl. Joghurt
3 Eßl. Zitronensaft
2 Teel. Apfeldicksaft
1 Handvoll Zitronenmelisse, wenig
Zitronenthymian, Estragon und Dill
1 Kopf Eissalat
2 vollreife Nektarinen
1 Handvoll Jostabeeren (siehe Tip)
oder schwarze Johannisbeeren
Zum Garnieren: Borretschblüten
oder nur Melisse

Für Gäste

Pro Portion etwa:
670 kJ/160 kcal
4 g Eiweiß · 5 g Fett
24 g Kohlenhydrate
4 g Ballaststoffe

• Zubereitungszeit: etwa
  50 Minuten

1. Die Melone schälen und die Kerne entfernen. Das Fruchtfleisch würfeln oder als Kugeln ausstechen. Den Essig untermischen, die Melone etwa 30 Minuten kühl ziehen lassen.

2. Die saure Sahne, den Joghurt, den Zitronen- und den Apfeldicksaft verquirlen. Die Zitronenmelisse (bis auf einige Blättchen zum Garnieren) mit den übrigen Kräutern hacken und unter die Sauce rühren.

3. Den Salat waschen, trockenschleudern und zerpflücken. Flache Schalen damit auslegen und mit etwas Sauce beträufeln.

4. Die Nektarinen in schmale Spalten schneiden und mit den Jostabeeren oder den Johannisbeeren unter die Melone mischen. Die Früchte auf dem Eissalat anrichten. Die restliche Sauce darüber geben und mit den übrigen Melisseblättchen und Borretschblüten garnieren.

Tip!

Jostabeeren sind eine Kreuzung aus schwarzen Johannisbeeren und Stachelbeeren, Sie können sie auf manchen Märkten kaufen oder im Garten anpflanzen.

Bild oben: Spargelfrischkost
Bild unten: Melonencocktail

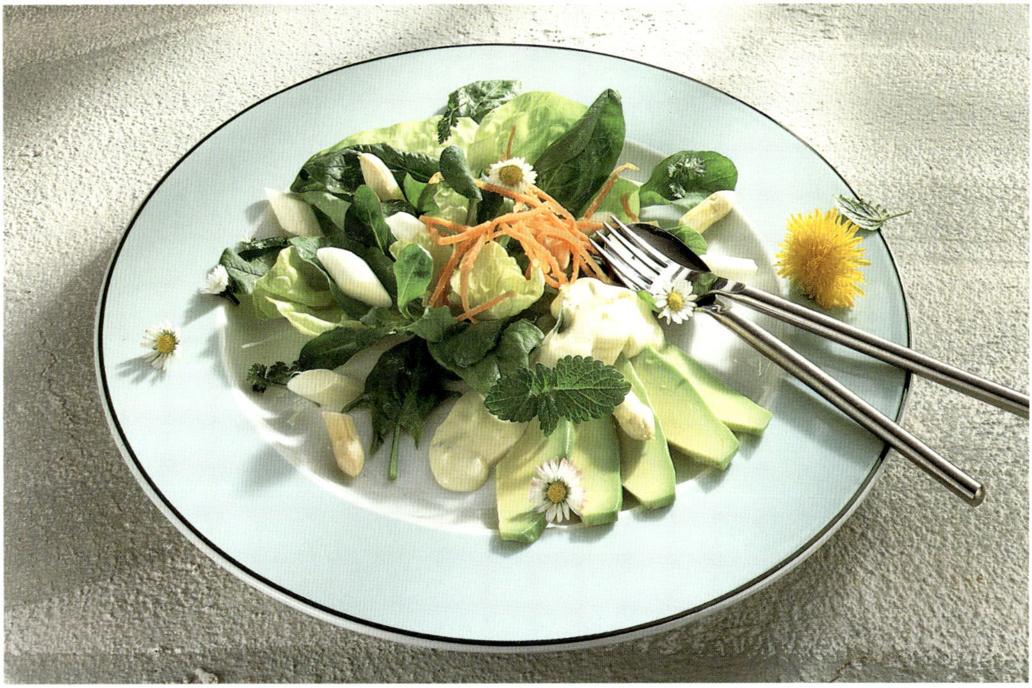

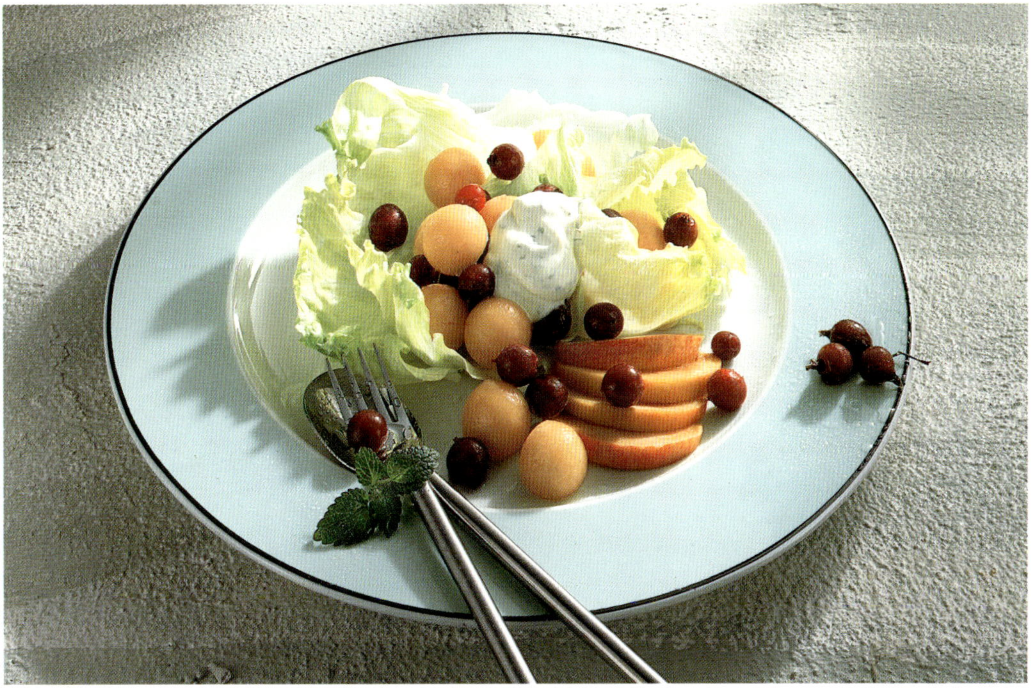

Gorgonzola-rolle mit Gemüse

Überraschen Sie Ihre Gäste mit dieser dekorativen Gemüse-rolle. Sie paßt hervorragend als Vorspeise oder auf ein kaltes Buffet. Als Ergänzung dazu schmeckt ein Salat der Saison – im Sommer Eissalat mit Tomaten und einigen Paprikawürfeln, im Winter Rosenkohlfrischkost mit Äpfeln und Walnüssen.

Zutaten für 8 Personen:
100 g Gorgonzola
4 Eier
1 Eigelb
Meersalz
125 g Dinkel, mit 1/2 Teel.
Koriander sehr fein gemahlen
450 g Quark
1 Eßl. trockener Weißwein
2 Teel. Zitronensaft
50 g Parmesan, frisch gerieben
150 g Sahne
je 100 g rote und gelbe Paprika-schoten
50 g grüne Paprikaschoten
50 g Fenchel
30 g ungesalzene Erdnüsse
Zum Backen:
Backpapier
Zum Garnieren:
Kerbelblättchen

Raffiniert
Läßt sich vorbereiten

Pro Portion etwa:
1300 kJ/310 kcal
17 g Eiweiß · 20 g Fett
11 g Kohlenhydrate
2 g Ballaststoffe

- Zubereitungszeit: etwa
  1 Stunde 40 Minuten
- Kühlzeit: 5–12 Stunden

1. Den Gorgonzola aus dem Kühlschrank nehmen, damit er sich leichter verarbeiten läßt. Ein Stück Backpapier in der Größe des Blechs abschneiden und durch Kniffe ein Rechteck von 35 x 25 cm Größe markieren. Das Blech mit dem Backpapier auslegen. Den Backofen auf 200° vorheizen.

2. Die Eier trennen. Die Eiweiße mit 1/4 Teelöffel Salz sehr steif schlagen. Alle Eigelbe mit 2 Eßlöffeln warmem Wasser zu einer dicken Creme rühren. Die Eicreme auf den Eischnee gleiten lassen. Das gewürzte Mehl darüber sieben. Alles mit einem Spatel locker mischen. Den Teig gleichmäßig auf das Backpapier streichen.

3. Den Biskuit im Backofen (Mitte) in etwa 12 Minuten goldgelb backen. Die Oberfläche sollte trocken, die Ränder noch weich sein. Inzwischen die Arbeitsfläche mit Backpapier belegen. Die Biskuitplatte an den Rändern vom Blech lösen, auf das Backpapier stürzen und mit dem Blech bedeckt auskühlen lassen.

4. Inzwischen den Quark mit dem Wein, dem Zitronensaft und Salz cremig rühren. Den Gorgonzola mit einer Gabel fein zerdrücken und mit dem Parmesan unter den Quark mischen. Die Sahne steif schlagen und unterheben. Die Käsecreme zugedeckt kalt stellen.

5. Die Paprikaschoten entkernen, waschen und trockentupfen. Die Schoten und den Fenchel in sehr kleine Würfel schneiden. Das Gemüse in einer Schüssel mischen.

6. Das Blech vom Biskuit abnehmen, und das Papier abziehen. Die Käsecreme (bis auf 3 Eßlöffel) auf der Biskuitplatte verstreichen; dabei am oberen Längsrand 2 cm frei lassen, damit die Füllung beim Aufrollen nicht herausquillt. Das Gemüse aufstreuen und leicht andrükken.

7. Die Biskuitplatte von der Längsseite her aufrollen und mit der »Naht« nach unten auf eine Platte gleiten lassen. Die Biskuitrolle ringsum mit der restlichen Creme bestreichen. Mit einer Abdeckhaube oder mit Alufolie locker abdecken und 5–12 Stunden im Kühlschrank ziehen lassen.

8. Die Erdnüsse mit einem schweren Messer grob hacken. In einer Pfanne ohne Fett unter Umwenden goldgelb rösten, dann kalt werden lassen. Kurz vor dem Servieren die Gorgonzolarolle mit den Erdnüssen bestreuen und mit Kerbelblättchen garnieren.

Tips!

Den Fenchel können Sie auch durch gewürfelte junge Zucchini, Radieschenwürfel, Streifen von Staudensellerie oder 2–3 Eßlöffel Rettichsprossen (4 Tage gekeimt) ersetzen. Ganz ausgezeichnet schmeckt die Käsecreme zu Vollkornbrot oder Pellkartoffeln und als Füllung von pikanten Windbeuteln.

Sehr dekorativ fürs kalte Buffet: Die Creme in Torteletts aus salzigem Mürbeteig füllen und mit Streifen von roten Paprikaschoten oder Tomaten und mit Basilikumblättchen garnieren. Oder 3 Paprikaschoten (grün, rot und gelb) längs halbieren, die Kerne und die weißen Innenwände entfernen. Die Schoten waschen und trockentupfen. Dann die Creme hineinfüllen und mit abgezupftem Fenchelkraut garnieren.

Gemüse-törtchen

Wenn Sie Gäste erwarten, sind die Gemüsetörtchen ideal. Sie können sie so weit vorbereiten, daß Sie nur noch die Eisahne darüber gießen und die Törtchen backen müssen.

Zutaten für 6 Quicheförmchen von
10 cm Ø:
60 g Erdnüsse, geröstet und geschält
180 g Weizenvollkornmehl
Meersalz
1/4 Teel. Schabzigerklee
100 g kalte Butter
2 Eier
je 100 g süße und saure Sahne
schwarzer Pfeffer, frisch gemahlen
60 g Greyerzer Käse
1 Bund Frühlingszwiebeln (etwa
150 g)
1 rote Paprikaschote (etwa 170 g)
1 Eßl. Olivenöl, kaltgepreßt
1/2 Teel. getrockneter Oregano
1 Möhre (etwa 70 g)
170 g Blumenkohlröschen
15 g Butter
3/4–1 Teel. Currypulver
Für die Form:
ungehärtetes Kokosfett

Für Gäste

Pro Törtchen etwa:
2000 kJ/480 kcal
14 g Eiweiß · 36 g Fett
23 g Kohlenhydrate
6 g Ballaststoffe

• Zubereitungszeit: etwa
  2 Stunden

1. 50 g Erdnüsse im Blitzhakker sehr fein zerkleinern oder sehr fein mahlen. Das Mehl, die Erdnüsse, 1/4 Teelöffel Salz und den Schabziger mischen.

2. Die Butter in Stückchen schneiden und auf das Mehl setzen. Alles zu feinen Streuseln verkrümeln. 60 ccm eiskaltes Wasser dazugießen und alles zu einem glatten Teig verkneten. Den Teig zu einer Kugel rollen und in einer Edelstahlschüssel zugedeckt etwa 1 Stunde kühlen.

3. Die Förmchen mit Kokosfett einfetten. Die Eier mit der süßen und der sauren Sahne verquirlen, mit Salz und Pfeffer würzen. Den Käse reiben.

4. Für die Paprikafüllung die Frühlingszwiebeln waschen und putzen. Etwa zwei Drittel vom unteren Ende (etwa 100 g) in Ringe schneiden. Das restliche Zwiebelgrün beiseite legen. Die Paprikaschote waschen, vierteln und entkernen. Dann in feine Streifen schneiden.

5. Das Öl und 1 Eßlöffel Wasser in einem breiten Topf schwach erhitzen. Das Gemüse hineingeben, salzen und in etwa 5 Minuten zugedeckt bei schwacher Hitze knapp bißfest dünsten. Den Oregano unterrühren. Das Gemüse auf einem Teller beiseite stellen.

6. Den Backofen auf 200° vorheizen.

7. Für die Blumenkohlfüllung die Möhre unter fließendem Wasser sauber abbürsten, längs halbieren und in sehr dünne Scheibchen schneiden. Den Blumenkohl waschen, die Stiele und die Röschen in dünne Scheiben schneiden.

8. Die Butter und 1 Eßlöffel Wasser in dem Topf schwach erhitzen. Das Gemüse hineingeben, salzen und in 5–6 Minuten zugedeckt bei schwacher Hitze knapp bißfest garen. Dann mit dem Curry kräftig würzen, da die Eisahne den Geschmack etwas dämpft.

9. Den Teig auf der leicht bemehlten Arbeitsfläche ausrollen und die Förmchen damit auslegen. Die Teigböden mit einer Gabel mehrfach einstechen und im Backofen (unten) etwa 15 Minuten vorbacken.

10. Auf den Boden von drei Förmchen etwas Käse streuen, das Paprikagemüse hineinfüllen, die Hälfte der Eisahne darüber gießen. Das Blumenkohlgemüse in die anderen drei Förmchen füllen und mit dem restlichen Käse bestreuen. Das Gemüse mit Eisahne übergießen und mit den restlichen 10 g Erdnüssen bestreuen.

11. Die Törtchen im Backofen (Mitte) etwa 20 Minuten backken, bis die Oberfläche goldgelb und fest ist. Vom zurückgelegten Zwiebelgrün einige Ringe abschneiden und die Paprikatörtchen damit bestreuen.

Diese knusprigen Törtchen mit saftigem Gemüsebelag lassen sich gut vorbereiten und sind deshalb ideal für die Gästebewirtung

Stauden-sellerie in Currysauce

Zutaten für 2 Personen:
25 g Mandeln
400 g Staudensellerie
1/2 Gemüsebrühwürfel
2 Eßl. feines Weizenvollkornmehl
100 g Doppelrahm-Frischkäse
1 1/2 Teel. Currypulver
3/4 Teel. abgeriebene unbehandelte Zitronenschale
1–1 1/2 Eßl. Zitronensaft

Preiswert
Gelingt leicht

Pro Portion etwa:
1200 kJ/290 kcal
11 g Eiweiß · 23 g Fett
9 g Kohlenhydrate
9 g Ballaststoffe

• Zubereitungszeit: etwa
  40 Minuten

1. Die Mandeln in Stifte schneiden und in einer Pfanne ohne Fett unter Umwenden hellgelb rösten.

2. Die Selleriestangen waschen. Wenn nötig, die harten Fäden auf der Außenseite abziehen, die Blättchen beiseite legen. Die Selleriestangen zuerst längs, dann quer halbieren.

3. 200 ccm Wasser mit dem Brühwürfel aufkochen. Den Sellerie darin zugedeckt bei schwacher Hitze in etwa 10 Minuten bißfest garen. Die Brühe absieben. Den Sellerie warm stellen.

4. Das Mehl mit dem Schneebesen kräftig in die Brühe rühren. Unter Umrühren aufkochen und auf der ausgeschalteten Kochstelle etwa 3 Minuten ziehen lassen. Den zerkleinerten Frischkäse, den Curry und die Zitronenschale mit dem Schneebesen in die Sauce rühren. Mit dem Zitronensaft würzen.

5. Die Sauce und die Mandelstifte (bis auf 1/2 Eßlöffel) unter den Sellerie heben. Die Sellerieblättchen in Streifen schneiden und mit den restlichen Mandeln über das Gemüse streuen. Dazu schmecken Pellkartoffeln, Reis oder Hirse.

Frühlings-gemüse mit Kräutersauce

Zutaten für 2 Personen:
200 g Zuckererbsen/Zuckerschoten
125 g Möhren
125 g Kohlrabi
1/2 Teel. gekörnte Gemüsebrühe
Meersalz
15 g Butter
100 g Doppelrahm-Frischkäse
4 Eßl. Joghurt
2 Eßl. Sahne
1 Teel. Zitronensaft
je 4 Stengel Basilikum und Petersilie

Gelingt leicht

Pro Portion etwa:
1500 kJ/360 kcal
12 g Eiweiß · 27 g Fett
14 g Kohlenhydrate
7 g Ballaststoffe

• Zubereitungszeit: etwa
  40 Minuten

1. Die Zuckererbsen waschen und von den Fäden befreien. Die Möhren unter fließendem Wasser sauber bürsten und in dünne Scheiben schneiden. Den Kohlrabi waschen und putzen, die zarten Blättchen beiseite legen. Dann schälen und in 1/2 cm dicke Stäbchen schneiden.

2. 6 Eßlöffel Wasser mit der gekörnten Brühe, 1 Prise Salz und der Butter in einem breiten Topf aufkochen. Das Gemüse untermischen und zugedeckt bei schwacher Hitze in etwa 12 Minuten bißfest garen.

3. Den Frischkäse zerteilen und in einem kleinen Topf bei schwacher Hitze erwärmen. Die Kochbrühe vom Gemüse, den Joghurt, die Sahne und den Zitronensaft dazugeben. Mit dem Schneebesen zu einer glatten Sauce schlagen.

4. Die Kohlrabiblättchen, das Basilikum und die Petersilie ohne die groben Stiele fein hacken. Die Kräuter unter die Sauce rühren und abschmecken. Dazu passen neue Kartoffeln.

Im Bild oben:
Staudensellerie in Currysauce
Im Bild unten:
Frühlingsgemüse mit Kräutersauce

Gemüsecurry mit Mandeln

Zutaten für 4 Personen:

50 g Mandeln

600 g Weißkohl

250 g reife, aromatische Tomaten

250 g grüne Paprikaschoten

150 g Zwiebeln

4 Eßl. Sonnenblumenöl, kaltgepreßt

2 Teel. Currypulver

200 g säuerliche Äpfel

4 Eßl. saure Sahne

2 Prisen Cayennepfeffer

2 Teel. abgeriebene unbehandelte Zitronenschale

4 Teel. Zitronensaft

Meersalz

Gelingt leicht

Pro Portion etwa:
1200 kJ/290 kcal
6 g Eiweiß · 22 g Fett
17 g Kohlenhydrate
8 g Ballaststoffe

- Zubereitungszeit: etwa
  50 Minuten

1. Die Mandeln kurz in kochendes Wasser legen, dann häuten und ohne Fett in einer Pfanne unter Rühren hellgelb rösten.

2. Sämtliches Gemüse waschen und putzen. Den Kohlkopf vierteln und den Strunk keilförmig herausschneiden. Den Kohl in etwa 1 cm breite Streifen schneiden. Die Tomaten würfeln, dabei den Stengelansatz entfernen. Die Paprikaschoten vierteln und entkernen; die Viertel zuerst längs in 1 cm breite Streifen, dann schräg in Rauten schneiden.

3. Die Zwiebeln grob würfeln und in dem Öl glasig dünsten. Den Kohl dazugeben und unter Umwenden 2–3 Minuten anbraten. Zuletzt den Curry einige Sekunden mitrösten.

4. Die Paprikarauten und 2 Eßlöffel Wasser hinzufügen. Zugedeckt bei mittlerer Hitze etwa 10 Minuten garen, bis das Gemüse knapp weich ist.

5. Die Äpfel vierteln, entkernen, in Scheibchen schneiden und mit den Tomaten unter das Gemüse mischen. Alles noch etwa 3 Minuten bei schwacher Hitze ziehen lassen.

6. Den Topf von der Kochstelle nehmen. Die saure Sahne und die Mandeln unter das Gemüse heben und mit dem Cayennepfeffer, der Zitronenschale, dem Zitronensaft und Salz würzen. Dazu schmecken Pellkartoffeln oder Getreideschnitten.

Gurken in Kerbelsahne

Zutaten für 4 Personen:

1 kg Gemüsegurken

140 g Zwiebeln

40 g Butter

4 Eßl. süße Sahne

8 Eßl. saure Sahne (etwa 120 g)

1 Knoblauchzehe

1 Teel. Delikata

weißer Pfeffer, frisch gemahlen

2 Teel. gekörnte Gemüsebrühe

50 g Kerbel

Meersalz

Gelingt leicht

Pro Portion etwa:
840 kJ/200 kcal
4 g Eiweiß · 17 g Fett
9 g Kohlenhydrate
3 g Ballaststoffe

- Zubereitungszeit: etwa
  40 Minuten

1. Die Gurken waschen, schälen und längs vierteln. Die Kerne mit einem Küchenmesser entfernen. Das Gurkenfleisch schräg in 2 cm dicke Stücke schneiden.

2. Die Zwiebeln würfeln und in 20 g Butter goldgelb braten. Die Gurken dazugeben und zugedeckt bei schwacher Hitze in 8–10 Minuten bißfest dünsten. Dann die Kochstelle ausschalten.

3. Inzwischen die süße und die saure Sahne mischen. Den Knoblauch dazupressen. Mit dem Delikata und 1 Prise Pfeffer verquirlen.

4. Die gekörnte Brühe und die restlichen 20 g Butter zu den Gurken geben. Die Sahnemischung vorsichtig unterheben.

5. Den Kerbel waschen, trockenschütteln und ohne die groben Stiele fein hacken. Den Kerbel unter das Gemüse mischen und mit Salz abschmecken. Dazu schmecken Buchweizenklöße oder Buchweizen- oder Gerstenschrotauflauf.

Im Bild oben:
Gemüsecurry mit Mandeln
Im Bild unten:
Gurken in Kerbelsahne

Spargelragout mit Frühlingszwiebeln

Zutaten für 4 Personen:
100 g geröstete, ungesalzene
Erdnüsse
je 500 g weißer und grüner Spargel
40 g Butter
4 1/2 Teel. gekörnte Gemüsebrühe
200 g Frühlingszwiebeln
Meersalz
2 Eßl. Grünkern, feingemahlen
120 g Crème fraîche
2 Eßl. Petersilie, frisch gehackt

**Für Gäste
Braucht etwas Zeit**

Pro Portion etwa:
1600 kJ/380 kcal
12 g Eiweiß · 33 g Fett
11 g Kohlenhydrate
6 g Ballaststoffe

● Zubereitungszeit: etwa
1 1/2 Stunden

1. Die Erdnüsse schälen, dabei auch die braunen Häutchen abstreifen. Die Nüsse grob hacken.

2. Den Spargel waschen und schälen (beim grünen Spargel nur das untere Drittel) und holzige Enden abschneiden.

3. Die Spargelabfälle knapp mit Wasser bedecken, zum Kochen bringen und zugedeckt bei schwacher Hitze 15–20 Minuten kochen.

4. Inzwischen die Spargelstangen in Stücke schneiden, die Spitzen getrennt legen.

5. Die Spargelbrühe absieben und mit Wasser auf 450 ccm ergänzen. Die Brühe mit 20 g Butter und 2 Teelöffeln gekörnter Brühe aufkochen. Die Spargelabschnitte darin zugedeckt bei schwacher Hitze etwa 8 Minuten garen. Dann die Spargelköpfe dazugeben und noch etwa 2 Minuten kochen.

6. Inzwischen die Frühlingszwiebeln waschen und putzen. Das obere Viertel des Zwiebelgrüns abschneiden und beiseite legen. Die Zwiebeln schräg in 1 cm breite Stücke schneiden.

7. Den Spargel mit dem Schaumlöffel aus dem Topf heben, abtropfen lassen und in eine flache Schüssel geben. Im Backofen zugedeckt bei 50° warm halten. Die Kochbrühe offen auf 350 ccm einkochen.

8. Gleichzeitig die Frühlingszwiebeln in 20 g Butter andünsten. Die Erdnüsse dazugeben und 3–4 Minuten unter Umwenden mitbraten. Mit etwas Salz abschmecken.

9. Das Grünkernmehl mit 5 Eßlöffeln kaltem Wasser anrühren und mit dem Schneebesen in die Spargelbrühe schlagen. 2 1/2 Teelöffel gekörnte Brühe hinzufügen und 2–3 Minuten unter Umrühren kochen, bis die Sauce sämig wird. Den Topf von der Kochstelle nehmen. Die Crème fraîche und die Petersilie unterrühren. Die Sauce abschmecken und vorsichtig unter den Spargel heben.

10. Die Zwiebelmischung über dem Spargel verteilen. Vom zurückbehaltenen Zwiebelgrün einige Ringe abschneiden (den Rest für einen Salat verwenden) und das Ragout damit bestreuen. Dazu schmecken neue Kartoffeln und Spinatsalat mit Radieschen und Zucchini.

Tip!

Probieren Sie dieses Rezept auch einmal zu anderen Jahreszeiten mit Schwarzwurzeln, Rosenkohl, Topinambur, Blumenkohl oder Kohlrabi.

Nutzen Sie die kurze Spargelsaison und versuchen Sie auch einmal dieses köstliche Gericht mit grünem und weißem Spargel und würzigen Frühlingszwiebeln

Sellerie-scheiben mit Sesamkruste

Ohne Beilage sind die Sellerie-scheiben auch eine raffinierte Vorspeise oder ein kleiner Imbiß für 4 Personen.

Zutaten für 2 Personen:
500 g Knollensellerie
1 Gemüsebrühwürfel
150 g saure Sahne
1 Teel. mittelscharfer Senf
1 Eßl. Zitronensaft
abgeriebene Schale von
1/2 unbehandelten Zitrone
1 Gewürzgurke (etwa 60 g)
1 Eßl. Schnittlauchröllchen
1 1/2 Eßl. Kerbel oder Petersilie,
frisch gehackt
Meersalz
schwarzer Pfeffer, frisch gemahlen
1 kleines Ei
1 Eßl. Sojasauce
3 Scheiben Sesamknäckebrot
2 Teel. Sesamsamen
2 Eßl. Weizenvollkornmehl
15 g ungehärtetes Kokosfett

Gelingt leicht

Pro Portion etwa:
1600 kJ/380 kcal
15 g Eiweiß · 19 g Fett
38 g Kohlenhydrate
15 g Ballaststoffe

- Zubereitungszeit: etwa
  45 Minuten

1. Den Sellerie waschen und putzen. Die Knolle in 4 Scheiben von 1–1 1/2 cm Dicke schneiden und schälen. Gleichzeitig 650 ccm Wasser mit dem Brühwürfel aufkochen. Die Selleriescheiben darin zugedeckt bei schwacher Hitze in etwa 10 Minuten bißfest garen und auf einem Sieb abtropfen lassen.

2. Inzwischen für die Sauce die saure Sahne, den Senf, den Zitronensaft und die Zitronenschale verquirlen. Die Gewürzgurke sehr fein hacken und mit den Kräutern unter die Sauce rühren. Mit Salz und Pfeffer würzen und zugedeckt kühl stellen.

3. Das Ei mit der Sojasauce verquirlen. Das Knäckebrot im Blitzhacker fein zerkleinern und mit den Sesamsamen mischen. Die Selleriescheiben zuerst in dem Mehl, dann im Ei wenden, zuletzt mit dem Knäckebrot panieren.

4. Das Kokosfett in einer großen Pfanne erhitzen, und die Selleriescheiben darin bei schwacher Hitze von beiden Seiten hellbraun braten. Die Sauce dazu servieren. Als Beilage passen Pellkartoffeln und Radicchiosalat mit gelben Paprikastreifen.

Maisküchlein mit Tomaten

Mit einem gemischten Salat sind die Küchlein ein leichter Imbiß für 4 Personen oder eine sättigende Hauptmahlzeit für 2, wenn Sie ein Käserisotto oder Butterreis dazu servieren.

Zutaten für 4 Personen:
2 kleine Eier
3 Eßl. Milch
2 Eßl. Sahne
50 g Weizenvollkornmehl
2 Eßl. mittelalter Gouda, frisch gerieben
1/4 Teel. Delikateßpaprika
1 Prise Kurkuma
Meersalz
300 g reife, aromatische Fleisch-tomaten
2 frische Zuckermaiskolben (etwa 200 g ausgelöste Körner)
15 g ungehärtetes Kokosfett
2 Eßl. Sesamsamen
2–3 Schalotten
20 g Butter
1 Knoblauchzehe
1 Handvoll Basilikum, grob gehackt
schwarzer Pfeffer, frisch gemahlen

Für Gäste
Gelingt leicht

Pro Portion etwa:
1200 kJ/290 kcal
10 g Eiweiß · 19 g Fett
20 g Kohlenhydrate
6 g Ballaststoffe

• Zubereitungszeit: etwa 1 Stunde

1. Die Eier, die Milch, die Sahne, das Mehl, den Käse, die Gewürze und 1/4 Teelöffel Salz verrühren. Den Teig etwa 30 Minuten ruhen lassen.

2. Inzwischen die Tomaten kurz in kochendes Wasser legen. Dann häuten und in kleine Würfel schneiden; dabei die Stielansätze entfernen.

3. Die Maiskörner mit einem scharfen Messer von den Kolben schneiden und unter den Teig mischen. In einer großen Pfanne etwas Kokosfett erhitzen. Jeweils 1 Eßlöffel Teig hineingeben und mit Sesam bestreuen. Zugedeckt bei mittlerer Hitze hellbraun braten, dann wenden und offen fertigbraten. Nochmals wenden.

4. Gleichzeitig die Schalotten würfeln und in 10 g Butter anbraten. Die Tomaten dazugeben und offen etwa 5 Minuten bei mittlerer Hitze dünsten. Den Knoblauch dazupressen, die restlichen 10 g Butter und das Basilikum unterziehen. Die Tomaten mit Salz und Pfeffer abschmecken und zu den Maisküchlein servieren.

Topinambur in Käsesauce

Nach diesem Rezept können Sie auch Knollensellerie zubereiten.

Zutaten für 2 Personen:
400 g Topinambur
2 Teel. gekörnte Gemüsebrühe
2 Teel. Zitronensaft
2 Eßl. Walnußkerne
50 g Schalotten
2 Teel. Butter
100 g Gorgonzola
2 Eßl. Sahne
2 Prisen Schabzigerklee
weißer Pfeffer, frisch gemahlen
eventuell Meersalz
1 Eßl. Petersilie, frisch gehackt

Gelingt leicht

Pro Portion etwa:
1700 kJ/400 kcal
16 g Eiweiß · 32 g Fett
11 g Kohlenhydrate
24 g Ballaststoffe

• Zubereitungszeit: etwa
  40 Minuten

1. Die Topinamburknollen unter fließendem Wasser sauber bürsten und ungeschält in fingerdicke Streifen oder Würfel schneiden.

2. Inzwischen 200 ccm Wasser mit der gekörnten Brühe und dem Zitronensaft zum Kochen bringen. Das Gemüse darin zugedeckt bei schwacher Hitze in 12–15 Minuten bißfest kochen.

3. Die Nüsse grob hacken. Die Schalotten fein würfeln und in der Butter glasig dünsten. 8 Eßlöffel Topinamburbrühe

dazugießen, aufkochen lassen und den Topf von der Kochstelle nehmen.

4. Den Käse in kleine Stücke teilen, in die Brühe geben und unter Rühren schmelzen lassen. Die Sahne untermischen. Falls die Sauce zu dick ist, noch etwas Brühe darunterschlagen. Mit Schabzigerklee, Pfeffer und eventuell wenig Salz würzen.

5. Das Gemüse mit dem Schaumlöffel in eine vorgewärmte Schüssel füllen. Die Sauce unterheben. Das Gemüse mit den Nüssen und der Petersilie bestreuen. Dazu schmecken Kartoffeln.

Buntes Sommergemüse

Zutaten für 4 Personen:
200 g Lauch
375 g grüne Paprikaschoten
400 g Gemüsegurken oder Zucchini
500 g reife, aromatische Tomaten
4 Eßl. Olivenöl, kaltgepreßt
1/2 Eßl. Rosmarinnadeln, frisch gehackt
2 Knoblauchzehen
1 1/2 Teel. Steinpilzbrühe
40 g Butter
1 Eßl. Crème fraîche
reichlich Kräuter (viel Majoran, Thymian, Petersilie, Liebstöckel), frisch gehackt
Meersalz

Gelingt leicht

Pro Portion etwa:
1200 kJ/290 kcal
4 g Eiweiß · 24 g Fett
11 g Kohlenhydrate
6 g Ballaststoffe

• Zubereitungszeit: etwa
  40 Minuten

1. Das Gemüse putzen und waschen. Den Lauch in schmale Streifen schneiden. Die Paprikaschoten vierteln, entkernen und in Streifen schneiden. Die Gurken oder Zucchini schälen, längs halbieren und die Kerne entfernen. Die Gurken oder Zucchini in Würfel schneiden. Die Tomaten halbieren, das Innere herausnehmen und zerkleinern. Das Fruchtfleisch würfeln.

2. Das Öl und das Tomateninnere in einer großen Pfanne erhitzen. Den Lauch, die Paprikastreifen, die Gurken oder Zucchini und den Rosmarin darin zugedeckt bei schwacher Hitze etwa 10 Minuten dünsten.

3. Den Knoblauch dazupressen. Die Tomatenwürfel und die Steinpilzbrühe untermischen und kurz ziehen lassen. Die Butter, die Crème fraîche und die Kräuter unterziehen. Mit wenig Salz abschmecken. Dazu schmecken Kartoffeln, Naturreis, Getreidebratlinge und Getreideaufläufe.

Im Bild oben:
Topinambur in Käsesauce
Im Bild unten:
Buntes Sommergemüse

Rotkohl mit Äpfeln und Thymian

Zutaten für 4 Personen:
500 g Rotkohl
80 g Zwiebeln
2 EßI. Sonnenblumenöl, kaltgepreßt
150 ccm naturtrüber Apfelsaft
Meersalz
3/4 EßI. frischer oder 1 1/2 Teel.
getrockneter Thymian
150 g säuerliche Äpfel
2 EßI. dunkle Rosinen
15 g Butter
2 EßI. Himbeeressig, ersatzweise
Sherryessig

Gelingt leicht

Pro Portion etwa:
640 kJ/150 kcal
2 g Eiweiß · 9 g Fett
16 g Kohlenhydrate
4 g Ballaststoffe

- Zubereitungszeit: etwa
  40 Minuten

1. Den Kohl waschen und putzen. Den Kohlkopf vierteln und in feine Streifen schneiden. Dabei den Strunk entfernen.

2. Die Zwiebeln grob würfeln und in dem Öl mit 1 Eßlöffel Wasser glasig dünsten. Den Apfelsaft, 1/2 Teelöffel Salz, den Kohl und den Thymian hinzufügen. Den Kohl zugedeckt bei schwacher Hitze in 10–12 Minuten knapp weich kochen. Einmal umrühren.

3. Die Äpfel waschen, vierteln, entkernen und in Scheibchen schneiden. Mit den Rosinen unter das Gemüse mischen. Noch

etwa 5 Minuten dünsten – das Kraut soll knackig bleiben. Die Butter unterziehen und das Gemüse mit dem Essig würzen.

Tip!

Eine exotisch-fruchtige Note bekommt der Kohl, wenn Sie den Thymian weglassen und das Gemüse mit gemahlenem Kardamom, Nelken, Piment, Muskatblüte, Pfeffer und Birnendicksaft würzen.

Schwarzwurzeln in Apfelsauce

Zutaten für 2 Personen:
500 g Schwarzwurzeln
4 EßI. Zitronensaft
1 Teel. gekörnte Gemüsebrühe
30 g Walnußkerne
1 säuerlicher Apfel (etwa 125 g)
10 g Butter
4 EßI. Crème fraîche
Meersalz

Gelingt leicht

Pro Portion etwa:
1400 kJ/330 kcal
6 g Eiweiß · 28 g Fett
11 g Kohlenhydrate
18 g Ballaststoffe

- Zubereitungszeit: etwa
  50 Minuten

1. Die Schwarzwurzeln mit dem Sparschäler unter fließendem Wasser dünn schälen oder mit dem Messer ab-

schaben. Jede Stange sofort mit Zitronensaft einpinseln, damit sie sich nicht verfärbt.

2. 300 ccm Wasser mit der gekörnten Brühe und 1 Eßlöffel Zitronensaft zum Kochen bringen. Gleichzeitig die Schwarzwurzeln schräg in 2–3 cm lange Stücke schneiden und sofort in die kochende Brühe geben. Bei mittlerer Hitze in 15–20 Minuten zugedeckt bißfest kochen; dann abgießen und warm halten.

3. Inzwischen die Nüsse grob zerbrechen. In einer Pfanne bei schwacher Hitze ohne Fett unter Wenden leicht rösten, dann beiseite stellen.

4. Den Apfel schälen. Das Fruchtfleisch um das Kernhaus abraspeln und in einen kleinen Topf geben. 150 ccm Schwarzwurzelbrühe hinzugießen.

5. Den Apfel etwa 5 Minuten kochen, bis er zerfällt. Den Apfel, die Butter und die Crème fraîche in einem Mixbecher mit dem Pürierstab fein pürieren. Die Sauce mit Salz abschmekken, unter Umrühren erhitzen, aber nicht mehr kochen.

6. Die Sauce unter die Schwarzwurzeln heben und das Gemüse mit den Walnüssen bestreuen. Dazu schmeckt körnig gekochter Grünkern.

Bild oben:
Rotkohl mit Äpfeln und Thymian
Bild unten:
Schwarzwurzeln in Apfelsauce

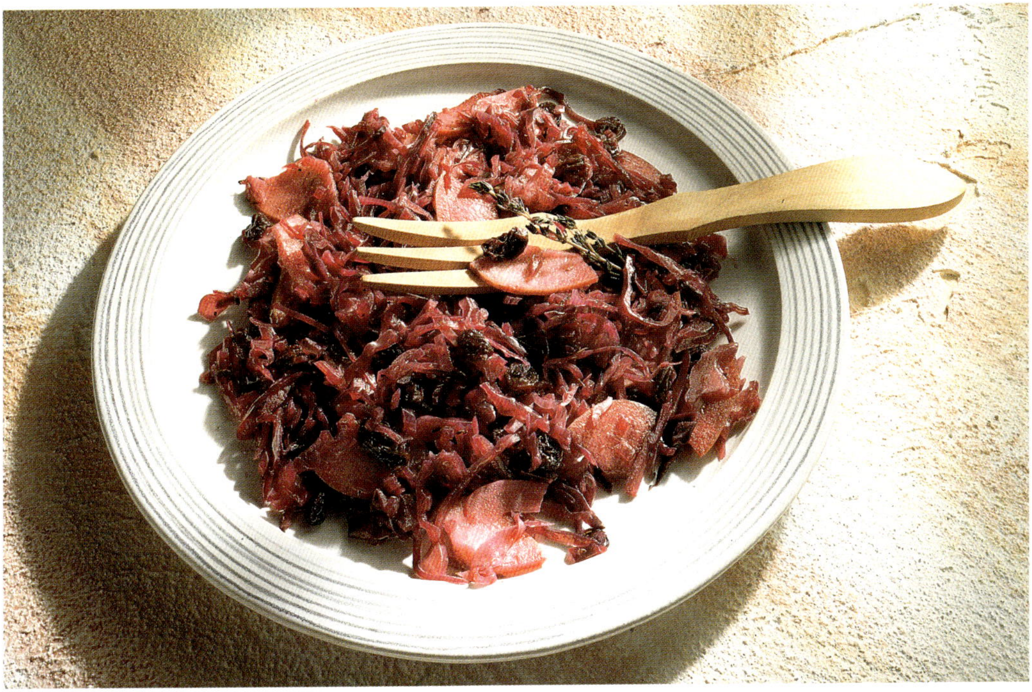

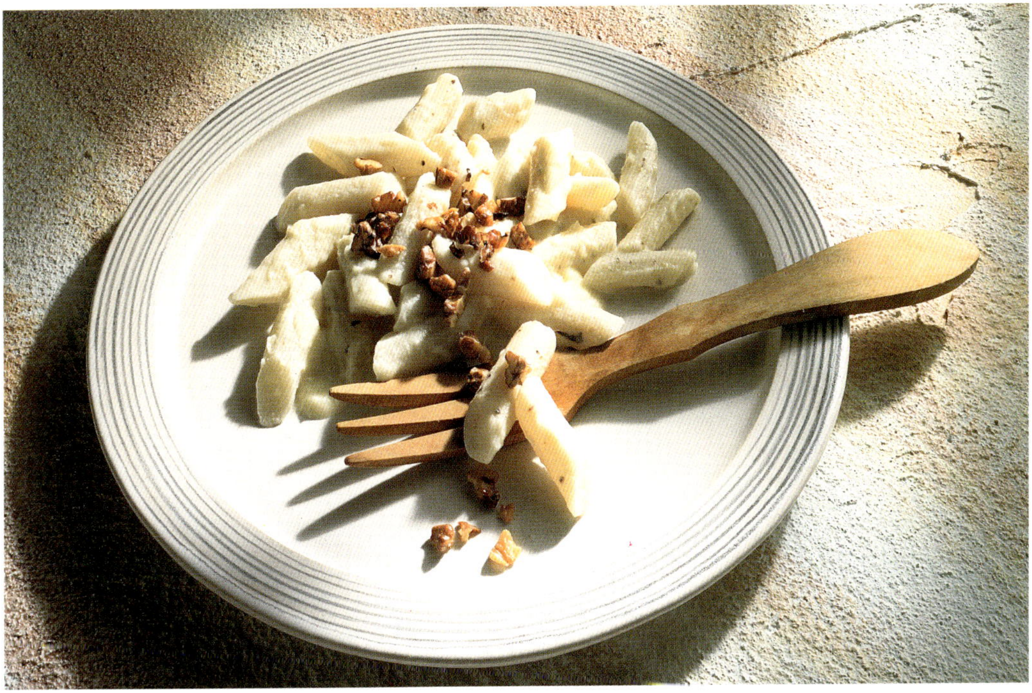

Zucchini in Weißwein

Ein leichtes sommerliches Essen, zu dem mit Curry gewürzte Hirse besonders gut schmeckt.

Zutaten für 2 Personen:

500 g Zucchini

100 g Zwiebeln

3 EßL. Olivenöl, kaltgepreßt

Meersalz

6 EßL. trockener Weißwein

2 Knoblauchzehen

1 EßL. Zitronensaft

1/2 Teel. getrockneter Oregano

3 EßL. Kräuter (viel Basilikum,

Thymian, Petersilie, wenig Rosmarin),

frisch gehackt

Cayennepfeffer

50 g Parmesan

**Raffiniert
Schnell**

Pro Portion etwa:
1600 kJ/380 kcal
14 g Eiweiß · 27 g Fett
11 g Kohlenhydrate
4 g Ballaststoffe

• Zubereitungszeit: etwa
30 Minuten

1. Die Zucchini waschen und in 1 cm breite Stäbchen schneiden. Große Zucchini eventuell schälen und das weiche Innere entfernen.

2. Die Zwiebeln vierteln und in Streifen schneiden. Das Öl in einer mittelgroßen Pfanne bei schwacher Hitze erhitzen und die Zwiebeln darin glasig dünsten. Die Zucchini dazugeben und unter Umwenden etwa 3 Minuten anbraten. Dann sal-zen, den Wein hinzugießen und das Gemüse zugedeckt bei schwacher Hitze in etwa 5 Minuten bißfest garen.

3. Die Knoblauchzehen fein hacken und mit dem Zitronensaft, dem Oregano und den frischen Kräutern unter die Zucchini rühren. Mit 1 Prise Cayennepfeffer würzen.

4. Mit dem Sparschäler dünne Späne vom Käse abziehen und über das Gemüse streuen. Dazu schmeckt Hirse.

Tip!

Wenn Sie keine frischen, gemischten Kräuter bekommen, können Sie die Zucchini auch mit 1 Teelöffel getrockneten Provence-Kräutern dünsten und zum Schluß frische Petersilie untermischen.

Paprikakraut

Zutaten für 2 Personen:

150 g Zwiebeln

20 g Butter

500 g Sauerkraut

7 EßL. Sauerkrautsaft oder Wasser

150 g Äpfel

1 Teel. getrockneter Thymian

6 EßL. süße Sahne

4 EßL. saure Sahne

2 Teel. Delikateßpaprika

1/2–3/4 Teel. Rosenpaprika

eventuell Meersalz

**Schnell
Gelingt leicht**

Pro Portion etwa:
1500 kJ/360 kcal
7 g Eiweiß · 28 g Fett
19 g Kohlenhydrate
9 g Ballaststoffe

• Zubereitungszeit: etwa
30 Minuten

1. Die Zwiebeln halbieren und in Streifen schneiden. Die Butter in einem mittelgroßen Topf bei schwacher Hitze erhitzen und die Zwiebeln darin unter Umwenden hellgelb braten.

2. Das Sauerkraut unter die Zwiebeln mischen. Den Sauerkrautsaft oder das Wasser dazugießen und das Gemüse 12–15 Minuten zugedeckt bei schwacher Hitze dünsten. Es soll dann noch knackig sein.

3. Inzwischen die Äpfel waschen, vierteln, entkernen und in Scheibchen schneiden. Dann mit dem Thymian unter das Kraut mischen. Das Gemüse noch etwa 5 Minuten garen. Die Äpfel dürfen nicht zerfallen.

4. Den Topf von der Kochstelle nehmen, die süße und die saure Sahne unter das Gemüse rühren. Das Kraut mit den beiden Paprikasorten würzen und eventuell leicht salzen. Dazu schmecken Kartoffelwürfel aus der Pfanne mit Thymian gewürzt und Schwarzwurzelfrischkost mit Feldsalat.

Im Bild oben: Zucchini in Weißwein
Im Bild unten: Paprikakraut

Tomaten mit Hirsefüllung und Bohnen

Ein Ragout aus jungen grünen Bohnen und Fenchel ist die richtige Ergänzung zu diesem sommerlichen Gericht.

Zutaten für 2 Personen:
2 Teel. gekörnte Gemüsebrühe
1/2 Lorbeerblatt
125 g Hirse
4 reife, feste Tomaten (je 100 g) oder 2 Fleischtomaten (je 200 g)
150 g junge grüne Bohnen
200 g Fenchel (geputzt gewogen)
20 g Butter
1 Ei
4 Eßl. Parmesan oder Sbrinz, frisch gerieben
1–2 Knoblauchzehen
3/4 Teel. Delikata
je 2 Teel. Majoran und Petersilie, frisch gehackt
2 Teel. Bohnenkraut, 1 Teel. Thymian und 2 Liebstöckelblätter, frisch gehackt
Meersalz
2 Eßl. Olivenöl, kaltgepreßt
Für die Form:
ungehärtetes Kokosfett

Gelingt leicht

Pro Portion etwa:
2800 kJ/670 kcal
25 g Eiweiß · 36 g Fett
59 g Kohlenhydrate
12 g Ballaststoffe

• Zubereitungszeit: etwa
  1 1/4 Stunden (davon
  20 Minuten Backzeit)

1. 1/4 l Wasser mit der gekörnten Brühe und dem Lorbeerblatt aufkochen. Die Hirse in einem Sieb heiß abbrausen und in die kochende Brühe schütten. Etwa 5 Minuten bei schwacher Hitze kochen und anschließend etwa 15 Minuten auf der ausgeschalteten Kochstelle ausquellen lassen.

2. Inzwischen die Tomaten waschen, quer halbieren, dabei die Stengelansätze entfernen. Oder von den Tomaten einen Deckel abschneiden. Das Tomateninnere mit einem kleinen Löffel herausnehmen, hacken und in einen Kochtopf geben. Die Bohnen und den Fenchel waschen und putzen. Das Fenchelgrün beiseite legen.

3. Das Lorbeerblatt aus der Hirse nehmen. 10 g Butter, das Ei und 3 Eßlöffel Käse unter die Hirse rühren. Den Knoblauch dazupressen. Die Hirse mit dem Delikata, dem Majoran und der Petersilie kräftig würzen.

4. Eine flache, feuerfeste Form oder eine Pizzaform von 24 cm Ø mit Kokosfett einfetten. Den Backofen auf 200° vorheizen.

5. Die Tomaten leicht salzen und die Hirse hineinfüllen. Die Tomaten in die Form setzen, mit dem restlichen Käse bestreuen und mit hauchdünnen Butterscheibchen belegen. Die Tomaten im Backofen (oben) etwa 20 Minuten überbacken, bis der Käse goldgelb ist.

6. Inzwischen für das Bohnenragout die restlichen Kräuter unter das Tomateninnere rühren. Die Bohnen darauf legen.

7. Die Fenchelknolle längs halbieren, quer in 1 cm breite Streifen schneiden und auf die Bohnen legen. Leicht salzen, 2 Eßlöffel Wasser und das Öl darüber gießen. Das Gemüse zugedeckt in etwa 15 Minuten bei schwacher Hitze bißfest garen. Dann mischen und abschmecken.

8. Die Tomaten mit dem Gemüse auf Tellern anrichten und mit dem abgezupften Fenchelgrün garnieren. Dazu schmeckt ein gemischter grüner Salat.

Variante:
Gratinierte Kräutertomaten

Für 4 Personen 8 reife, feste Tomaten waschen, den Stengelansatz ausschneiden und die Tomaten quer halbieren. Die Tomatenhälften mit der Schnittfläche nach oben in eine gefettete flache Auflaufform setzen, salzen und schwarzen Pfeffer darüber mahlen. Knoblauch schälen und in kaltgepreßtes Olivenöl pressen. Die Tomaten mit frisch gehackten, gemischten Kräutern bestreuen und mit dem Knoblauchöl beträufeln. Dann Schafkäse darüber bröckeln und die Tomaten etwa 15 Minuten überbacken, bis der Käse goldgelb ist.
Ein schnelles Gericht, das Sie mit Fladenbrötchen oder Vollkornbrot als Vorspeise oder leichten Imbiß, mit Naturreis, Vollkornnudeln, Hirse, und Polenta als Hauptmahlzeit servieren können.

Reisauflauf mit Fenchel und Tomaten

Zutaten für 4 Personen:
250 g Langkorn-Naturreis
1 Lorbeerblatt
1 Eßl. gekörnte Gemüsebrühe
600 g Fenchel
140 g Zwiebeln
2 Knoblauchzehen
2 Eßl. Olivenöl, kaltgepreßt
Meersalz
je 1 Teel. Fenchel- und Koriander-
körner
140 g Greyerzer
1/2 Teel. Rosenpaprika
600 g reife, aromatische Fleisch-
tomaten
30–40 g Butter
Für die Form:
ungehärtetes Kokosfett

Gelingt leicht
Braucht etwas Zeit

Pro Portion etwa:
1600 kJ/380 kcal
20 g Eiweiß · 25 g Fett
49 g Kohlenhydrate
8 g Ballaststoffe

• Einweichzeit: 8–12 Stunden
• Zubereitungszeit: etwa
  1 Stunde 10 Minuten (davon
  15 Minuten Backzeit)

1. Den Reis in einem Sieb abspülen, dann in 1/2 l Wasser 8–12 Stunden einweichen.

2. Dann das Lorbeerblatt hinzufügen, und den Reis bei schwacher Hitze etwa 20 Minuten kochen. Die gekörnte Brühe unterrühren, und den Reis auf der ausgeschalteten Kochstelle etwa 10 Minuten nachquellen

lassen, bis alle Flüssigkeit aufgesogen ist. Dann das Lorbeerblatt herausnehmen.

3. Inzwischen den Fenchel waschen. Die Stengel kürzen, harte Fäden auf der Außenseite abziehen. Die Knollen längs halbieren und quer in Streifen schneiden. Die Zwiebeln grob würfeln. Den Knoblauch fein hacken.

4. Das Öl mit 4 Eßlöffeln Wasser in einem breiten Topf erhitzen. Die Zwiebeln, den Knoblauch und den Fenchel hineingeben. Das Gemüse salzen und zugedeckt bei schwacher Hitze in etwa 10 Minuten bißfest dünsten.

5. Inzwischen das Fenchelgrün hacken (einige Zweige zum Garnieren zurücklassen). Die Fenchel- und die Korianderkörner grob mahlen oder im Mörser zerstoßen. Den Käse fein raspeln.

6. Den Reis, das Fenchelgrün, die Hälfte des Käses, die zerkleinerten Gewürze und den Rosenpaprika unter das Gemüse mischen. Das Gemüse abschmecken. Den Backofen auf 200° vorheizen. Eine Auflaufform mit Kokosfett ausstreichen.

7. Die Tomaten waschen, halbieren, dabei die Stielansätze entfernen. Die Tomaten in Scheiben schneiden. Den Fenchelreis abwechselnd mit den Tomaten in die vorbereitete Form füllen. Einige Tomatenscheiben als Garnierung darauf legen. Den restlichen Käse dar-

über streuen, und den Auflauf mit hauchdünnen Butterscheibchen belegen.

8. Den Auflauf im Backofen (oben) etwa 15 Minuten überbacken, bis er goldgelb ist. Den Auflauf mit dem Fenchelgrün garniert servieren. Dazu schmeckt Eichblattsalat mit Staudensellerie.

Varianten:

Den Reisauflauf können Sie auch gut mit anderen Gemüsesorten zubereiten: Ersetzen Sie die Fenchel- und Korianderkörner durch reichlich frische Kräuter und nehmen Sie statt Fenchel Paprikaschoten, grüne Bohnen, Stauden- oder Knollensellerie.

Wenn Sie das Einweichen einmal vergessen, können Sie den Reis auch ohne garen. Er muß dann etwa doppelt solang kochen.

Paprika-schoten mit Pilzfüllung

Zutaten für 2 Personen:

100 g Grünkern, sehr grob geschrotet

3 1/2 Teel. gekörnte Gemüsebrühe

150 g Egerlinge

100 g Zwiebeln

15 g Butter

1/2 Bund Petersilie

2 Liebstöckelblätter

1 1/2 Eßl. Majoranblättchen

50 g Crème fraîche

schwarzer Pfeffer, frisch gemahlen

Meersalz

2 rote Paprikaschoten (je etwa 180 g)

3 Eßl. saure Sahne

etwa 1/4 Teel. Currypulver

Zum Garnieren:

krause Petersilie

Gelingt leicht

Pro Portion etwa:
1800 kJ/430 kcal
12 g Eiweiß · 21 g Fett
45 g Kohlenhydrate
7 g Ballaststoffe

- Zubereitungszeit: etwa 1 Stunde

1. Den Grünkern mit 3 Teelöffeln gekörnter Brühe unter 200 ccm kaltes Wasser rühren. Den Schrot bei sehr schwacher Hitze zugedeckt in etwa 10 Minuten ausquellen lassen, bis die Flüssigkeit aufgesogen ist.

2. Inzwischen die Pilze möglichst nicht waschen, sondern nur mit Küchenkrepp säubern. Die Zwiebeln mittelgrob würfeln und in der Butter unter gelegentlichem Wenden goldgelb braten. 2 Pilze zum Garnieren beiseite legen, die übrigen grob würfeln und mit den Zwiebeln bei mittlerer Hitze etwa 5 Minuten offen braten.

3. Die Kräuter fein hacken, auch die Petersilienstiele mitverwenden. Die Crème fraîche, die Pilze und die Kräuter unter den Grünkern mischen. Mit Pfeffer und wenig Salz abschmecken.

4. Die Paprikaschoten waschen und längs halbieren. Die Kerne und die weißen Innenwände entfernen. Die Grünkernmasse hineinfüllen.

5. 1/8 l Wasser und die restliche gekörnte Brühe in einem breiten Topf aufkochen. Die Schoten nebeneinander hineinsetzen und zugedeckt etwa 15 Minuten bei schwacher Hitze garen. Dann mit einem spitzen Messer prüfen, ob die Schoten bereits weich sind. Andernfalls noch 4–5 Minuten dünsten.

6. Die Paprikaschoten auf zwei vorgewärmte Teller setzen. Die saure Sahne mit dem Schneebesen unter den Kochsud schlagen. Die Sauce mit dem Curry vorsichtig abschmecken.

7. Die zurückgelegten Pilze längs in Scheiben schneiden. Die Paprikaschoten mit der Sahnesauce beträufeln und mit den Pilzen und abgezupfter Petersilie garnieren. Dazu schmeckt Friséesalat oder Feldsalat mit Apfelscheibchen und Walnuß-Vinaigrette.

Tip!

Mit der Grünkernmasse können Sie auch Wirsing-, Weißkohl- oder Mangoldblätter füllen. Sie schmeckt auch gut als Beilage zu Gemüsen wie Rosenkohl, Chinakohl, Kohlrabi oder Lauch.

Paprikaschoten mit würzigem Grünkern und feinen Pilzen gefüllt schmecken ausgezeichnet. Wenn Sie Gäste damit bewirten möchten, können Sie die Mengen einfach verdoppeln

Kohlrabi mit Sprossen

Zutaten für 2 Personen:
100 g Nacktgerste
500 g Kohlrabi
1 Gemüsebrühwürfel
50 g Haselnüsse
20 g Butter
80 g Crème fraîche
1/2 Teel. Delikata
Muskatnuß, frisch gerieben
weißer Pfeffer, frisch gemahlen
Meersalz
1 Handvoll Kerbel oder Petersilie

Gelingt leicht

Pro Portion etwa:
2600 kJ/620 kcal
15 g Eiweiß · 41 g Fett
44 g Kohlenhydrate
11 g Ballaststoffe

• Keimdauer: 3–4 Tage
• Zubereitungszeit: etwa 25 Minuten

1. Die Gerste 3–4 Tage keimen lassen.

2. Die Kohlrabi putzen. Die zarten Blättchen beiseite legen. Die Knollen schälen und in 1 cm dicke Stäbchen schneiden.

3. 100 ccm Wasser mit dem Brühwürfel aufkochen. Das Gemüse darin in 3–5 Minuten bei schwacher Hitze zugedeckt bißfest garen.

4. Inzwischen die Sprossen abbrausen und abtropfen lassen. Dann mit den Nüssen im Blitzhacker mittelgrob hacken.

5. Die Butter, die Crème fraîche und die Sprossenmischung unter die Kohlrabi ziehen. Das Gemüse mit dem Delikata, Muskat, Pfeffer und Salz würzen. Vorsichtig auf Eßtemperatur erwärmen.

6. Die Kohlrabiblättchen und den Kerbel oder die Petersilie hacken und unter das Gemüse mischen.

Broccoli-Nudelpfanne

Zutaten für 4 Personen:
4 Eßl. Sonnenblumenkerne
800 g Broccoli
150 g Zwiebeln
2 Eßl. Olivenöl, kaltgepreßt
40 g Butter
4 Teel. gekörnte Gemüsebrühe
200 g kurze Vollkornmakkaroni
2–3 Knoblauchzehen
120 g Sahne
3/4 Teel. Delikata
Muskatnuß, frisch gerieben
schwarzer Pfeffer, frisch gemahlen
Meersalz
3 Eßl. Petersilie, frisch gehackt
100 g Parmesan oder Greyerzer, fein geraspelt

Gelingt leicht

Pro Portion etwa:
2500 kJ/600 kcal
26 g Eiweiß · 36 g Fett
41 g Kohlenhydrate
11 g Ballaststoffe

• Zubereitungszeit: etwa 50 Minuten

1. Die Sonnenblumenkerne ohne Fett in einer Pfanne unter Wenden goldgelb rösten.

2. Den Broccoli waschen. Die Röschen und die Blätter abtrennen. 2 Handvoll zarte Blätter beiseite legen, die übrigen in breite Streifen schneiden. Die Röschen teilen. Die dicken Stiele schälen, schräg in 1 cm breite Streifen schneiden. Die Zwiebeln grob würfeln.

3. Das Öl und 20 g Butter in einer großen, tiefen Pfanne bei schwacher Hitze erhitzen. Die Zwiebeln darin goldgelb braten. Die Broccolistiele, die gekörnte Brühe und 200 ccm Wasser hinzufügen. Zugedeckt etwa 3 Minuten bei schwacher Hitze dünsten.

4. Gleichzeitig die Nudeln nach Packungsaufschrift kochen. Die Broccoliröschen und die Blätter zu den Stielen in die Pfanne geben und zugedeckt in etwa 3 Minuten bei schwacher Hitze bißfest garen.

5. Den Knoblauch in die Sahne pressen, mit dem Delikata, Muskat, Pfeffer und Salz würzen.

6. Die Nudeln abtropfen lassen und mit der restlichen Butter zum Gemüse geben. Von der Kochstelle nehmen. Die restlichen Broccoliblättchen in feine Streifen schneiden und mit der gewürzten Sahne, der Petersilie und dem Käse unter die Nudeln mischen. Die Sonnenblumenkerne darüber streuen.

Bild oben: Kohlrabi mit Sprossen
Bild unten: Broccoli-Nudelpfanne

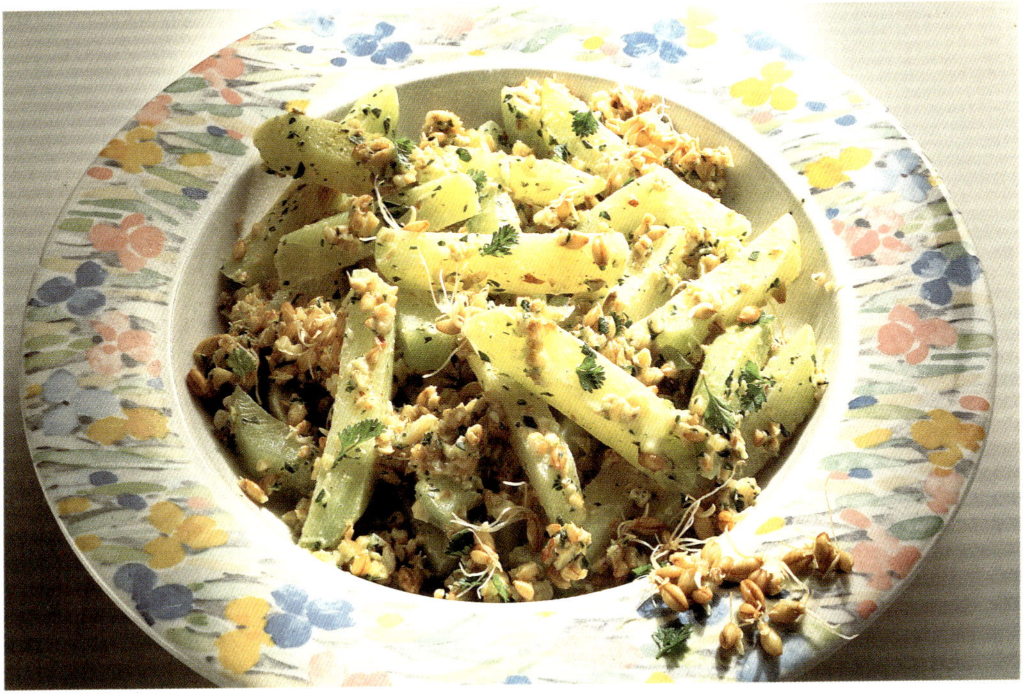

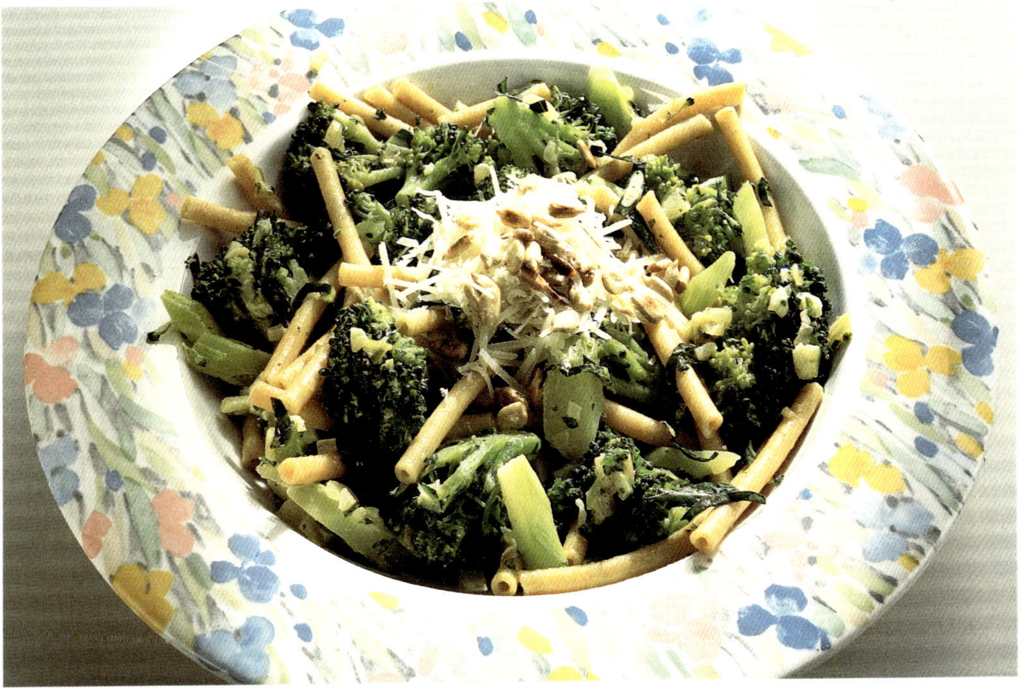

Mangold-Lasagne

Den Lasagneteig können Sie auch für Nudeln, Ravioli und Strudel verwenden.

Zutaten für 4 Personen:
2 mittelgroße Eier
2 Eßl. Sonnenblumenöl, kaltgepreßt
Meersalz
50 g Grünkern, feingemahlen
170 g Weizenvollkornmehl
450 g Mangold
170 g grüne Paprikaschoten
100 g Zwiebeln
1 Handvoll Petersilie
20 g Butter
1 1/2 Teel. gekörnte Gemüsebrühe
500 g reife, aromatische Tomaten
200 g Doppelrahm-Frischkäse
2–3 Knoblauchzehen
10 Salbeiblätter
125 g saure Sahne
80 g Parmesan oder Sbrinz, frisch gerieben
schwarzer Pfeffer, frisch gemahlen
1 Eßl. Thymianblättchen
Für die Form:
ungehärtetes Kokosfett

Braucht etwas Zeit

Pro Portion etwa:
2600 kJ/620 kcal
27 g Eiweiß · 38 g Fett
44 g Kohlenhydrate
11 g Ballaststoffe

● Zubereitungszeit: etwa
  2 Stunden (davon
  35 Minuten Backzeit)

1. Die Eier, 1 Eßlöffel Öl, 3 Eßlöffel lauwarmes Wasser und 1/2 Teelöffel Salz mit dem Knethaken der Küchenmaschine oder des Handrührgerätes leicht verrühren. Das Grünkern-mehl und das Weizenmehl (bis auf 1 Eßlöffel) dazugeben und alles zu einem elastischen, nicht zu festen Teig verkneten. Falls er noch klebt, das zurück-behaltene Mehl von Hand unterkneten. Den Teig zu einer Kugel rollen und unter einem angewärmten Topf ruhen lassen.

2. Die Mangoldblätter von den Stielen trennen und beides gründlich waschen. Die Stiele in 1/2 cm breite Stücke, die Blätter in feine Streifen schneiden.

3. Die Paprikaschoten vierteln, entkernen und in schmale Streifen schneiden. Die Zwiebeln mittelfein würfeln. Die Petersilie waschen, die Stiele fein schneiden; die Blättchen beiseite legen.

4. Die Butter, den restlichen Eßlöffel Öl und 1 Eßlöffel Wasser in einem breiten Topf bei schwacher Hitze erwärmen. Die Zwiebeln, die Paprika-streifen und die Mangoldstiele darin zugedeckt etwa 5 Minuten dünsten.

5. Die Mangoldblätter, die Petersilienstiele und die gekörnte Brühe zu den Zwiebeln geben. Das Gemüse zugedeckt bei schwacher Hitze in 3–4 Minuten knapp weich garen.

6. Inzwischen die Tomaten waschen und klein würfeln, dabei die Stielansätze ausschneiden. Die Tomaten zum Gemüse geben und etwa 3 Minuten ziehen lassen.

7. 100 g Frischkäse in Stückchen auf dem warmen Gemüse verteilen. Den Knoblauch dazupressen. Den Salbei und die Petersilienblättchen hacken, mit 2 Eßlöffeln saurer Sahne und 60 g Parmesan oder Sbrinz unter das Gemüse mischen. Mit Salz abschmecken.

8. Den Backofen auf 200° vorheizen. Eine Auflaufform mit Kokosfett einfetten.

9. Den Teig durchkneten und auf der leicht bemehlten Arbeitsfläche messerrückendick ausrollen. Aus dem Teig Platten in Größe der Form ausschneiden. Abwechselnd Teig und Gemüse in die Form schichten, dabei mit einer Teigplatte abschließen.

10. Den restlichen Frischkäse in einem kleinen Topf leicht erwärmen, damit er sich besser verrühren läßt. Die restliche saure Sahne unterrühren, mit Salz und Pfeffer würzen. Die Käsecreme so auf den Teigplatten verteilen, daß sie bedeckt sind. Den restlichen Parmesan und den Thymian darüber streuen.

11. Die Lasagne im Backofen (Mitte) etwa 35 Minuten bakken, bis die Oberfläche leicht gebräunt ist.

Eine außergewöhnliche Variante des beliebten italienischen Nudelgerichtes ist diese Lasagne mit Mangold, Tomaten und Frischkäse

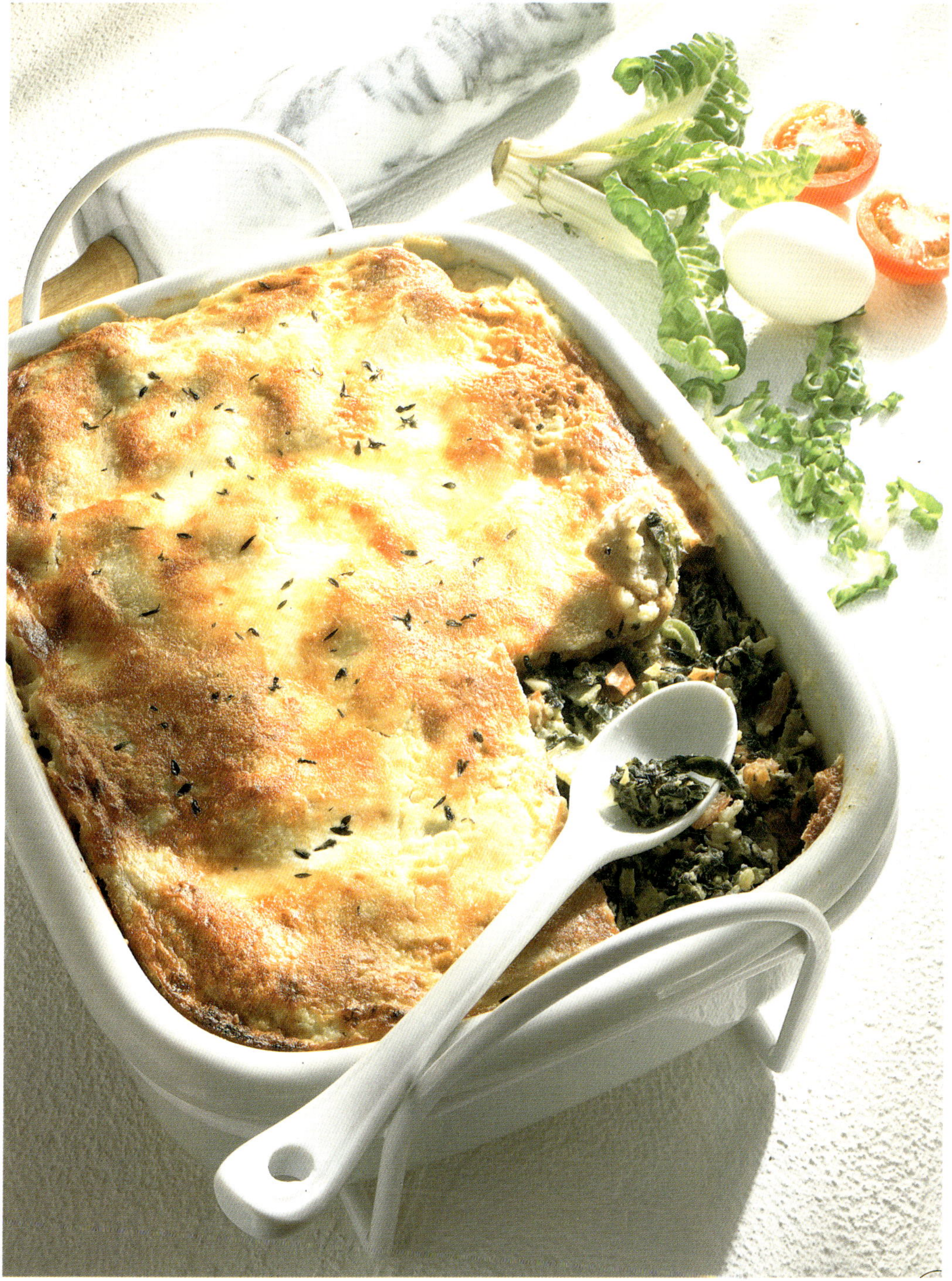

Rosenkohl mit Hirseguß

Wenn Sie den Rosenkohl in einer Servierpfanne zubereiten, ersparen Sie sich das Umfüllen in eine Auflaufform.

Zutaten für 2 Personen:
1 Eßl. gekörnte Gemüsebrühe
120 g Hirse
400 g Rosenkohl
50 g Zwiebeln
25 g Butter
Meersalz
2 Eßl. Kräuter (Petersilie und
2 Liebstöckelblätter), frisch gehackt
Muskatnuß, frisch gerieben
1 großes Ei
6–7 Eßl. Sahne (etwa 80 g)
1 Knoblauchzehe
1/2 Teel. Schabzigerklee
1/4 Teel. Delikata
40 g mittelalter Gouda, grob
geraspelt
1/2 Teel. Sesamsamen
1/2 Bund Schnittlauch

Schnell

Pro Portion etwa:
2900 kJ/690 kcal
26 g Eiweiß · 42 g Fett
52 g Kohlenhydrate
11 g Ballaststoffe

- Zubereitungszeit: etwa
  45 Minuten

Tip!

Ein Drittel des Rosenkohls können Sie auch durch geraspelte Möhren ersetzen, oder Broccoli statt Rosenkohl nehmen.

1. 1/4 l Wasser mit der gekörnten Brühe aufkochen. Inzwischen die Hirse in einem Sieb heiß waschen, dann in die kochende Brühe schütten. Etwa 5 Minuten bei schwacher Hitze kochen und anschließend 10–15 Minuten auf der ausgeschalteten Kochstelle ausquellen lassen.

2. Den Rosenkohl putzen. Den Strunk einschneiden, große Röschen halbieren. Die Zwiebeln würfeln und in 15 g Butter andünsten. Den Kohl und 2 Eßlöffel Wasser hinzufügen, salzen und in 5–8 Minuten zugedeckt bißfest garen. Die Hälfte der Kräuter und die restliche Butter unterziehen. Mit Muskat würzen.

3. Den Backofen auf 200° vorheizen. Das Ei, die Sahne, den durchgepreßten Knoblauch, die Gewürze und die restlichen Kräuter verquirlen. Die Eimischung unter die Hirse rühren. Die Hirse auf dem Rosenkohl verteilen. Den Käse und den Sesam darüber streuen.

4. Die Pfanne etwa 10 Minuten in den Backofen (oben) schieben, bis der Käse goldgelb ist. Oder das Gericht auf der Kochstelle bei schwacher Hitze etwa 10 Minuten ziehen lassen. Den Schnittlauch in 1 cm lange Röllchen schneiden und über die Hirse streuen. Dazu schmeckt Endivien- oder Chicoréesalat.

Gemüseragout mit Kartoffel-kruste

Ohne Kartoffelkruste ist das bunte Gemüseragout auch eine feine Beilage zu Getreidebrat-lingen und -aufläufen, zu wei-ßen Bohnen oder Linsen.

Zutaten für 2 Personen:
350–400 g mehligkochende
Kartoffeln
100 g Möhren
1 grüne Paprikaschote (etwa 100 g)
100 g Lauch
200 g Chinakohl oder Blumenkohl
150 g Champignons
3 Teel. Steinpilzbrühe
1 Eßl. Sonnenblumenöl, kaltgepreßt
1 Eigelb
3 Eßl. Sahne
25 g Bergkäse, frisch gerieben
4–5 Eßl. Milch
Muskatnuß, frisch gerieben
Meersalz
1 Teel. getrockneter Majoran
2 Eßl. Petersilie, frisch gehackt
2 Eßl. Crème fraîche
schwarzer Pfeffer, frisch gemahlen

Gelingt leicht

Pro Portion etwa:
2100 kJ/500 kcal
16 g Eiweiß · 32 g Fett
37 g Kohlenhydrate
10 g Ballaststoffe

- Zubereitungszeit: etwa
  50 Minuten

1. Die Kartoffeln in wenig Wasser weich kochen. Das Gemüse waschen. Die Möhren in 1–2 mm dicke Scheiben, die Paprikaschote in 1 cm große Quadrate, den Lauch und den Chinakohl in 2 cm breite Strei-fen oder den Blumenkohl in kleine Röschen teilen. Die Pilze mit Küchenkrepp säubern und in dicke Scheiben schneiden.

2. Die Steinpilzbrühe mit 3 Eß-löffeln Wasser und dem Öl in einem Topf verrühren. Die Möh-ren, den Paprika und den Lauch und eventuell den Blu-menkohl darin etwa 5 Minuten dünsten. Den Chinakohl hinzu-fügen und weitere 3 Minuten garen. Die Champignons unter-mischen, noch etwa 2 Minuten köcheln lassen.

3. Die Kartoffeln schälen und durchpressen. Das Eigelb, die Sahne, den Käse und so viel Milch unterrühren, daß sich die Masse gut spritzen läßt. Mit Muskat und Salz abschmecken. Den Majoran, die Petersilie und die Crème fraîche unter das Gemüse rühren, mit Pfeffer und Salz würzen. Das Gemüse in eine flache Auflauform geben.

4. Die Kartoffelmasse in einen Spritzbeutel mit großer Stern-tülle füllen und dekorativ auf das Gemüse spritzen. Dann un-ter dem Grill in 4–5 Minuten leicht bräunen lassen.

Gersten-auflauf mit Sellerie

Zutaten für 4 Personen:
200 g Nacktgerste, sehr grob geschrotet
1 1/2 Gemüsebrühwürfel
500 g Staudensellerie
1 Zwiebel (etwa 70 g)
30 g Butter
Meersalz
70 g kräftiger Edelpilzkäse (Danablu oder Gorgonzola)
8 Eßl. Sahne (etwa 100 g)
2 Eier
1/2 Teel. Schabzigerklee
schwarzer Pfeffer, frisch gemahlen
3 Teel. frische Thymianblättchen
150 g Mozzarella
2–3 Eßl. Greyerzer, frisch gerieben
Für die Form:
ungehärtetes Kokosfett

**Gelingt leicht
Für Gäste**

Pro Portion etwa:
2400 kJ/570 kcal
24 g Eiweiß · 37 g Fett
32 g Kohlenhydrate
9 g Ballaststoffe

• Zubereitungszeit: etwa
  1 1/4 Stunden (davon
  25–30 Minuten Backzeit)

1. Die Gerste und die Brühwürfel mit 270 ccm Wasser verrühren. Unter Umrühren aufkochen, dann auf der ausgeschalteten Kochstelle etwa 15 Minuten ausquellen lassen, bis die Flüssigkeit aufgesogen ist. Wenn die Gerste noch nicht ganz weich ist, schadet es nichts, sie quillt während des Backens noch aus.

2. Inzwischen die Selleriestangen waschen. Wenn nötig, harte Fäden auf der Oberseite abziehen, die Sellerieblättchen beiseite legen. Die Stangen in etwa 2 cm lange Stücke schneiden, breite Stangen vorher längs halbieren.

3. Die Zwiebel würfeln und in 15 g Butter glasig dünsten. Den Sellerie und 5 Eßlöffel Wasser dazugeben, salzen und bei schwacher Hitze in etwa 10 Minuten bißfest garen. Den Backofen auf 220° vorheizen.

4. Inzwischen den Käse würfeln und mit der Sahne, der restlichen Butter und den Eiern unter die warme Gerste rühren. Die Sellerieblättchen grob hakken und mit dem Sellerie unter das Getreide mengen. Mit dem Schabzigerklee, Pfeffer und etwas Salz abschmecken.

5. Eine Auflaufform mit mittelhohem Rand mit Kokosfett einfetten. Die Masse hineinfüllen. Den Thymian darüber streuen. Den Mozzarella in dünne Scheiben schneiden und auflegen, dann mit dem Greyerzer bestreuen.

6. Den Auflauf im Backofen (Mitte) 25–30 Minuten backen, bis die Oberfläche goldgelb ist. Dazu schmeckt ein Ragout aus Champignons und Austernpilzen mit (wenig) Lauchstreifen

Tip!

Probieren Sie dieses einfache aber sehr schmackhafte Gericht auch mal mit anderen Gemüsesorten. Gut passen zum Beispiel Blumenkohl, Broccoli, Topinambur, Möhren, Knollensellerie, Lauch und Rosenkohl. Noch kräftiger schmeckt der Auflauf, wenn Sie Grünkern statt Nacktgerste nehmen.

Gerste, Sellerie und Käse harmonieren gut und schmecken knusprig gebacken aus dem Ofen ganz besonders köstlich

Rote Beten mit Polentaplätzchen

Die roten Beten werden im Saft von roten Johannisbeeren gekocht. Das nimmt ihnen den etwas erdigen Geschmack und macht sie frisch und fruchtig.

Zutaten für 4 Personen:
180 g feiner Maisgrieß (Polenta)
50 g Weizen
1 Teel. Koriander
Meersalz
25 g Butter
8 Eßl. süße Sahne (etwa 100 g)
8 Eßl. saure Sahne (etwa 120 g)
2 Teel. abgeriebene, unbehandelte Zitronenschale
2 Eßl. Zitronensaft
4 Teel. Meerrettich, frisch gerieben
800 g rote Beten
1 Lorbeerblatt
140 g Zwiebeln
2 Eßl. Sonnenblumenöl, kaltgepreßt
150 ccm naturreiner roter Johannisbeersaft
20 g ungehärtetes Kokosfett
300 g säuerliche Äpfel
1 Teel. Birnendicksaft
2 Prisen gemahlene Nelken

Raffiniert
Braucht etwas Zeit

Pro Portion etwa:
2600 kJ/620 kcal
11 g Eiweiß · 33 g Fett
71 g Kohlenhydrate
9 g Ballaststoffe

- Zubereitungszeit: etwa
  1 1/2 Stunden

1. Für die Polentaplätzchen den Maisgrieß mit dem Weizen und dem Koriander fein mahlen. Das Mehl und 1/2 Teelöffel Salz mit 450 ccm kaltem Wasser verrühren.

2. Die Maismischung unter Umrühren aufkochen, dann auf der ausgeschalteten Kochstelle etwa 10 Minuten ausquellen lassen. Die Butter unterrühren und den Maisbrei offen auskühlen lassen.

3. Inzwischen die süße und die saure Sahne mit dem Handrührgerät zu einer dicken Creme schlagen. Die Zitronenschale, den Zitronensaft und den Meerrettich unterrühren. Die Creme zugedeckt kühl stellen.

4. Die roten Beten unter fließendem Wasser sauber bürsten, den Wurzel- und den Blattansatz abschneiden. Nur harte Stellen mit dem Sparschäler schälen. Die Knollen grob raspeln. Das Lorbeerblatt im Mörser oder zwischen den Fingern zerreiben und zu den roten Beten geben.

5. Die Zwiebeln grob würfeln und in dem Öl glasig dünsten. Die roten Beten hinzufügen und leicht salzen. Den Johannisbeersaft und 4 Eßlöffel Wasser hinzugießen. Das Gemüse bei schwacher Hitze zugedeckt in etwa 15 Minuten bißfest dünsten.

6. Inzwischen von der Maismasse jeweils 1 Eßlöffel abstechen, Kugeln daraus rollen und zu handtellergroßen Küchlein flach drücken.

7. Das Kokosfett in einer oder zwei großen Pfannen erhitzen und die Küchlein darin bei schwacher Hitze in 7–8 Minuten von beiden Seiten goldgelb braten.

8. Während die Küchlein braten, die Äpfel vierteln, vom Kerngehäuse befreien und in Scheibchen schneiden. Dann unter das Rote-Bete-Gemüse mischen und alles noch 3–4 Minuten ziehen lassen. Die Äpfel dürfen dabei nicht zerfallen. Das Gemüse mit dem Birnendicksaft, dem Nelkenpulver und eventuell wenig Salz abschmecken.

9. Die Polentaplätzchen mit den roten Beten auf vier Tellern anrichten. Auf jede Gemüseportion 1–2 Eßlöffel Meerrettichsahne geben. Dazu schmeckt Rosenkohlsalat mit Champignons (Rezept Seite 10).

Knusprige Polentaplätzchen mit fruchtigem Rote-Bete-Gemüse ist ein ideales Gericht, um liebe Freunde zu bewirten

Gefüllte Weinblätter mit Mangosahne

Wenn Sie statt der in Salzlake eingelegten Weinblätter (aus dem griechischen Spezialgeschäft) frische, ungespritzte Blätter vom Rebschnitt im Juni bekommen können, greifen Sie zu!

Zutaten für 4 Personen:
Für die Weinblätter:
2 Eßl. dunkle Rosinen
2 große unbehandelte Zitronen
1 Gemüsebrühwürfel (bei frischen Weinblättern)
50–60 frische oder 25 eingelegte Weinblätter ohne Stiel
5 Eßl. trockener Weißwein
180 g grober Maisgrieß (Kukuruz)
1 Teel. Meersalz
50 g Butter
2 Eier
1 1/2 Teel. frischer Ingwer, gerieben oder sehr fein gewürfelt
60 g Zwiebeln
50 g Haselnüsse, mittelgrob gehackt
3/4 Teel. Kurkuma
je 1/3 Teel. gemahlene Nelken, Kardamom, Piment und Cayennepfeffer
Für die Mangosahne:
1 vollreife Mango (etwa 330 g), ersatzweise 160 g Mangopüree (Reformhaus)
abgeriebene Schale von 1 Limette
2 Eßl. Limettensaft
1 Teel. Weißweinessig
1 Eßl. Apfelsaft
1 Eßl. saure Sahne
1–1 1/2 Teel. frischer Ingwer, fein gerieben
Cayennepfeffer
Meersalz
50 g Sahne

Für Gäste

Pro Portion etwa:
2000 kJ/480 kcal
10 g Eiweiß · 26 g Fett
48 g Kohlenhydrate
3 g Ballaststoffe

- Zubereitungszeit: etwa 2 Stunden

1. Die Rosinen in 5 Eßlöffeln warmem Wasser quellen lassen. Von 1 Zitrone die Schale abreiben und beiseite stellen. Die Zitrone auspressen.

2. 3/4 l Wasser mit dem Brühwürfel und 2 Eßlöffeln Zitronensaft aufkochen (bei Weinblättern in Salzlake ohne Brühwürfel). Inzwischen die Blätter waschen. Dann etwa 5 Minuten in 2–3 Portionen in der Flüssigkeit blanchieren (kochen) und abtropfen lassen.

3. 400 ccm von der Blanchierflüssigkeit abmessen und mit dem Wein in einen Topf gießen. Den Maisgrieß und das Salz zugeben. Unter Umrühren aufkochen, dann auf der ausgeschalteten Kochstelle in etwa 5 Minuten zu einem festen Brei ausquellen lassen.

4. Den Topf von der Kochstelle nehmen. 20 g Butter in Flöckchen auf dem Mais verteilen. Die Eier, 1 Eßlöffel Zitronensaft, die Zitronenschale, den Ingwer und die Rosinen mit der Einweichflüssigkeit unter den Mais rühren.

5. Die Zwiebeln würfeln und in 10 g Butter andünsten, dann die Nüsse etwa 2 Minuten mit-braten und unter den Mais rühren. Mit den Gewürzen leicht scharf abschmecken.

6. 2–3 kleinere Weinblätter mit der glänzenden Seite nach unten so auf einen Teller legen, daß sich die Stielseiten überlappen. Knapp 1 Eßlöffel Füllung daraufgeben und die Blätter aufrollen. Die Röllchen nebeneinander in 2 breite Töpfe oder 2 tiefe Pfannen legen. Jeweils 2 Eßlöffel Zitronensaft und 100 ccm Wasser dazugießen. Jedes Röllchen mit einem hauchdünnen Butterscheibchen belegen.

7. Die Weinblätter zugedeckt bei schwacher Hitze 8–10 Minuten garen und anschließend etwa 5 Minuten auf der ausgeschalteten Kochstelle ziehen lassen.

8. Inzwischen die Mango schälen, und das Fruchtfleisch in Stücken vom Stein schneiden. Das Fruchtfleisch mit den übrigen Zutaten (bis auf die Sahne) fein pürieren. Die Sahne fast steif schlagen und unterrühren.

9. Die zweite Zitrone achteln. Die Röllchen auf einer vorgewärmten Platte mit den Zitronenachteln anrichten und die Mangosahne dazu servieren.

Weinblätter mit einer pikanten Füllung aus Maisgrieß, Nüssen und exotischen Gewürzen werden durch die fruchtige Mangosahne ergänzt

Grünkohlkuchen mit Möhrensauce

Dieses leichte Hauptgericht können Sie auch als Vorspeise für 4 Personen servieren.

Zutaten für 2 Personen:

125 g Quark

6 Eßl. Sahne

2 Eigelb

1 Teel. Kräutersalz

100 g feiner Maisgrieß (Polenta)

50 g Greyerzer, frisch gerieben

375 g Grünkohl

120 g Zwiebeln

30 g Butter

3 1/2 Teel. gekörnte Gemüsebrühe

2 Eßl. Petersilie und 2 Liebstöckelblätter, frisch gehackt

1/2 Teel. getrockneter Majoran

1–2 Knoblauchzehen

weißer Pfeffer, frisch gemahlen

Muskatnuß, frisch gerieben

2 Eiweiß

120 g Möhren

3/4 Teel. Koriander

1 1/2 Teel. Zitronensaft

1 1/2 Eßl. Crème fraîche

etwa 1 1/2 Teel. Meerrettich, frisch gerieben

Für die Form:

ungehärtetes Kokosfett

Braucht etwas Zeit

Pro Portion etwa:
3600 kJ/860 kcal
36 g Eiweiß · 56 g Fett
52 g Kohlenhydrate
10 g Ballaststoffe

• Zubereitungszeit: etwa
  1 Stunde 40 Minuten (davon
  40 Minuten Backzeit)

1. Den Quark mit der Sahne, 4 Eßlöffeln Wasser, den Eigelben und dem Salz cremig rühren. Eine Springform von 20 cm Ø mit Kokosfett einfetten und mit Maisgrieß ausstreuen. Den restlichen Maisgrieß und den Käse (bis auf 2 Eßlöffel) unter den Quark rühren. 30 Minuten quellen lassen.

2. Inzwischen den Grünkohl gründlich lauwarm waschen. Die Blätter von den Stielen streifen und fein schneiden.

3. 70 g Zwiebeln fein würfeln und in 15 g Butter andünsten. Den Grünkohl, 2 Teelöffel gekörnte Brühe und 3 Eßlöffel Wasser dazugeben. Das Gemüse zugedeckt bei schwacher Hitze in 8–10 Minuten knapp weich garen.

4. Den Backofen auf 200° vorheizen. Den Grünkohl und die Kräuter unter die Quarkcreme mischen. Die Knoblauchzehen dazupressen. Mit Pfeffer und Muskat würzen.

5. Die Eiweiße steif schlagen, unter die Quarkcreme heben und die Masse in die Form füllen. Den restlichen Käse darüber streuen.

6. Den Grünkohlkuchen im Backofen (unten) etwa 40 Minuten backen, bis die Oberfläche hellbraun und fest ist. Auf einem Kuchengitter etwa 10 Minuten abkühlen lassen. Dann auf eine Platte heben.

7. Während der Grünkohlkuchen bäckt, die Möhren unter fließendem Wasser sauber bürsten. Die restlichen 50 g Zwiebeln fein würfeln und in den übrigen 15 g Butter andünsten.

8. Die Möhren fein raspeln. Den Koriander im Mörser oder mit dem Nudelholz auf einem Brett grob zerdrücken und mit den Zwiebeln einige Sekunden braten. Die Möhren, die übrige gekörnte Brühe und 1/4 l Wasser dazugeben. Alles zugedeckt bei schwacher Hitze etwa 12 Minuten garen, bis die Möhren gut weich sind.

9. Die Möhren fein pürieren und eventuell durch ein Sieb streichen. Den Zitronensaft und die Crème fraîche unterrühren. Die Sauce mit dem Meerrettich leicht scharf abschmecken. Dazu schmeckt Chicoréesalat mit Feldsalat und roten Paprikaschoten.

Tip!

Statt Grünkohl können Sie auch Mangold oder Spinat verwenden oder die Hälfte des Gemüses durch zarte junge Brennesselspitzen ersetzen.

Grünkohl gibt es nur kurze Zeit im Jahr, dieses Gericht sollten Sie dann auf jeden Fall probieren

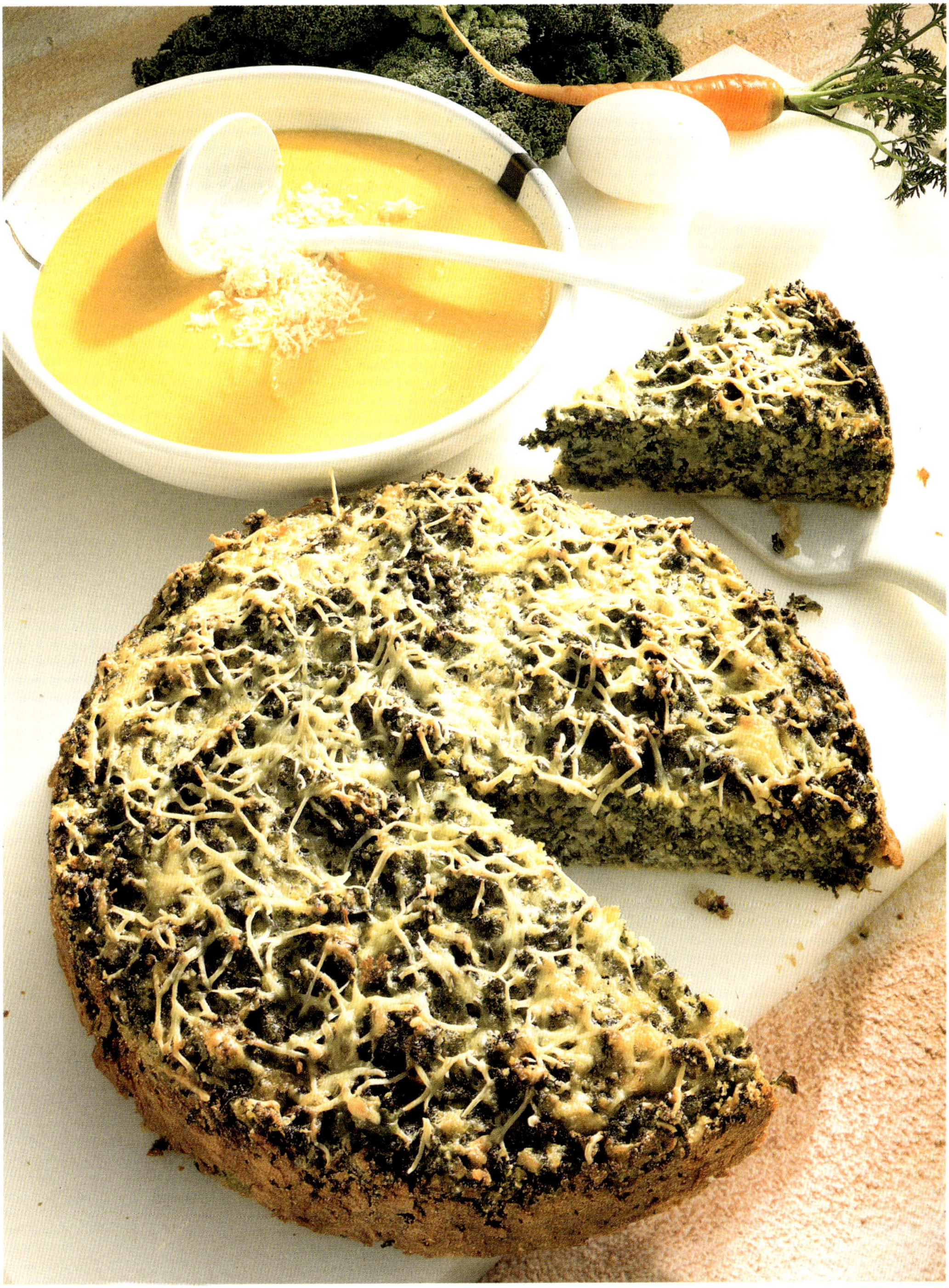

Maronen-soufflés auf Apfelscheiben

Das Schälen der Eßkastanien ist zwar manchmal eine Geduldsprobe, aber die Mühe lohnt sich! Damit Sie nicht in Zeitnot kommen, können Sie die Maronenmasse (bis einschließlich Punkt 4) schon einige Stunden vorher oder am Vortag zubereiten und zugedeckt kühl stellen.

Zutaten für 4 Personen:
500–600 g Maronen/Eßkastanien
(350 g geputzt gewogen)
100 g Zwiebeln
40 g Butter
7 Eßl. Sahne
6 Eßl. Milch
2 Eigelb
Meersalz
je knapp 1/2 Teel. Kardamom,
Piment, Nelken, Muskatblüte und
weißer Pfeffer, frisch gemahlen
2 Teel. abgeriebene, unbehandelte
Zitronenschale
3 Eßl. Zitronensaft
3 säuerliche feste Äpfel von je etwa
120 g (zum Beispiel Boskop)
2 Eiweiß
24 Walnußhälften
Für die Form
ungehärtetes Kokosfett

Läßt sich vorbereiten

Pro Portion etwa:
2100 kJ/500 kcal
10 g Eiweiß · 30 g Fett
50 g Kohlenhydrate
4 g Ballaststoffe

• Zubereitungszeit: etwa
   1 Stunde (davon
   20 Minuten Backzeit)

1. Die Maronen waschen und die Schale mit einem spitzen Messer in der Mitte ringsum einritzen. Die Maronen in einen Topf geben, mit Wasser bedecken und zugedeckt etwa 15 Minuten kochen lassen.

2. Jeweils nur 3–4 Kastanien mit dem Schaumlöffel herausnehmen. Die Schale und die braune Innenhaut abziehen. Wenn die Kastanien zu sehr abkühlen, lassen sie sich kaum noch schälen. Die Kastanien im Blitzhacker fein zerkleinern.

3. Die Zwiebeln fein würfeln und in 30 g Butter hellgelb braten.

4. Die Sahne, die Milch, die Eigelbe, 1/2 Teelöffel Salz und die Gewürze verquirlen. Die Zwiebeln und die Sahnemischung mit den Maronen vermengen. Die Zitronenschale und 2 Teelöffel Zitronensaft unter die Maronenmasse rühren und abschmecken.

5. Den Backofen auf 200° vorheizen. Eine große, flache Auflaufform einfetten.

6. Die restliche Butter schmelzen. Die Äpfel waschen und das Kerngehäuse ausstechen. Jeden Apfel quer in vier gleich dicke Scheiben schneiden und diese nebeneinander in die Form legen. Die Apfelscheiben leicht salzen, mit dem restlichen Zitronensaft und der zerlassenen Butter einpinseln.

7. Die Eiweiße steif schlagen, die Hälfte davon unter das

Maronenpüree rühren. Den restlichen Eischnee unterheben.

8. Die Maronenmasse als Haube auf die Apfelscheiben setzen und mit je 2 Walnußhälften belegen.

9. Die Soufflés im Backofen (Mitte) etwa 20 Minuten backen, bis sich die Oberfläche fest anfühlt. Dazu schmeckt Rotkohl mit Äpfeln und Thymian (Rezept Seite 28) und eine kleine Portion Kartoffelpüree.

Tip!

Achten Sie bitte beim Einkauf darauf, daß die dunkelbraune Schale die Kastanien fest umschließt. Gibt sie auf Fingerdruck nach, sind die Kastanien nicht mehr ganz frisch. Sie lassen sich dann schlechter schälen und schmecken mehlig. Kaufen Sie möglichst große Früchte, dann haben Sie weniger Abfall und beim Schälen weniger Arbeit.

Ein typisches Herbstgericht, das Sie gut vorbereiten können, wenn Sie Gäste erwarten

Gefüllter Wirsing

Kichererbsen und Gemüse in dekorativer »Verpackung«. Dazu schmeckt ein frischer grüner Salat und – für sehr Hungrige – Getreidebratlinge. Die restlichen ausgelösten Wirsingblätter können Sie für ein anderes Gericht, beispielsweise eine Suppe, verwenden.

Zutaten für 4 Personen:

150 g Kichererbsen
1 Lorbeerblatt
2 1/2 Teel. gekörnte Gemüsebrühe
1 Wirsingkopf (etwa 1kg)
120 g Zwiebeln
120 g Knollensellerie
120 g Möhren
2 Eßl. Sonnenblumenöl, kaltgepreßt
2 1/2 Teel. Steinpilzbrühe
140 g Sahne
1 1/2 Eßl. Petersilie, frisch gehackt
Muskatnuß, frisch gerieben
Meersalz
10 g Butter
1 Eßl. Zitronensaft
3/4 Teel. Delikata

**Für Gäste
Braucht etwas Zeit**

Pro Portion etwa:
1500 kJ/360 kcal
13 g Eiweiß · 20 g Fett
29 g Kohlenhydrate
9 g Ballaststoffe

- Quellzeit: etwa 12 Stunden
- Zubereitungszeit: etwa
  1 1/2 Stunden

1. Die Kichererbsen in einem Sieb abspülen und über Nacht in 1/2 l Wasser einweichen. Am nächsten Tag mit dem Lorbeerblatt und der gekörnten Brühe in etwa 50 Minuten bei schwacher Hitze zugedeckt weich kochen.

2. Inzwischen den Wirsing um den Strunk herum keilförmig einschneiden und so viel von den äußeren Blättern ablösen, daß der Kopf noch etwa 750 g wiegt. Den Wirsing waschen, den Strunk gerade schneiden, so daß der Kopf gut steht.

3. Vom Wirsing einen Deckel von 1,5 cm Dicke abschneiden und beiseite legen. Den Kohl mit einem spitzen Messer in der Mitte 2 cm vom Rand entfernt tief einschneiden und die inneren Blätter herauslösen. Den Wirsing innen leicht salzen. 150 g der ausgelösten Blätter in schmale Streifen schneiden.

4. Die Zwiebeln, den Sellerie und die Möhren in kleine Würfel schneiden. Das Öl mit 6 Eßlöffeln Kichererbsenbrühe in einem breiten Topf erhitzen und sämtliches Gemüse darin bei schwacher Hitze etwa 8 Minuten zugedeckt dünsten. Die Steinpilzbrühe und 9 Eßlöffel Sahne unterrühren. Den Topf von der Kochstelle nehmen.

54

5. Die Kichererbsen auf einem Sieb abtropfen lassen, die Brühe auffangen und das Lorbeerblatt entfernen. 4 Eßlöffel Kichererbsen zum Gemüse geben. Den Rest im Blitzhacker grob zerkleinern und mit der Petersilie unter das Gemüse mischen. Mit Muskat und Salz würzen.

6. Den Wirsingkopf füllen, dabei 3 Eßlöffel der Füllung zurücklassen. Den Deckel aufsetzen und diesen leicht salzen. 200 ccm Kichererbsenbrühe in einem großen Topf aufkochen. Den Wirsing hineinsetzen und etwa 15 Minuten zugedeckt bei mittlerer Hitze garen. Er soll nicht zu weich werden, damit er seine Form behält.

7. Den Wirsing vorsichtig auf eine vorgewärmte Platte heben. Die Butter auf eine Gabel spießen und den Kohlkopf damit bestreichen.

8. Die restliche Füllung mit der Kochbrühe, der restlichen Sahne, dem Zitronensaft und dem Delikata mit dem Pürierstab oder im Mixer fein pürieren. Wenn nötig, noch etwas Kichererbsenbrühe oder Wasser unter die Sauce rühren, um die richtige Konsistenz zu erreichen. Salzen und den Wirsing mit der Sauce umgießen.

Tip!

Wenn Sie Gäste erwarten, können Sie den Wirsing schon so weit vorbereiten, daß er nur noch gegart werden muß.

Von den ausgelösten Wirsingblättern bleibt noch etwas übrig. Da sie sehr zart sind, eignen sie sich besonders gut für Frischkostsalate. Probieren Sie doch mal eine bunte Mischung aus Wirsingstreifen, geraspelten Möhren und Gurkenscheiben mit einer Joghurt-Sahne-Sauce oder einen griechischen Salat mit Wirsing, Zucchini, gelben Paprikaschoten, Tomaten, schwarzen Oliven und Schafkäse. Gut schmeckt auch ein Ragout aus Wirsingstreifen und Tomatenwürfeln.

Zwiebelquiche mit Oliven

Zutaten für 4 Personen:

15 g frische Hefe

150 ccm Buttermilch, Sauermilch oder Joghurt

Meersalz

170 g Weizen, mit 50 g Grünkern und 1/2 Teel. Koriander feinegemahlen

3 Eßl. Olivenöl, kaltgepreßt

40 g Allgäuer Emmentaler

40 g Sbrinz oder Parmesan

200 g saure Sahne

3 Teel. frischer oder 1 1/2 Teel. getrockneter Thymian

1/2 Teel. Schabzigerklee

schwarzer Pfeffer, frisch gemahlen

16–20 mit Paprika gefüllte Oliven

3 Zwiebeln von je etwa 100 g

1 Zwiebel von etwa 50 g

Zum Garnieren:

1 kleines Stück rote Paprikaschote (etwa 25 g)

Für die Form:

ungehärtetes Kokosfett

Für Gäste
Braucht etwas Zeit

Pro Portion etwa:
2000 kJ/480 kcal
18 g Eiweiß · 25 g Fett
44 g Kohlenhydrate
8 g Ballaststoffe

- Zubereitungszeit: etwa 2 Stunden (davon 35 Minuten Backzeit)

1. Die Hefe in der Buttermilch, der Sauermilch oder dem Joghurt auflösen. 1/2 Teelöffel Salz und etwa zwei Drittel des Mehls unterrühren. 1 Eßlöffel Öl und das restliche Mehl hinzufügen. Den Teig mit den Knethaken der Küchenmaschine oder des Handrührgerätes 8–10 Minuten kneten, bis er sich als Kloß von der Schüssel löst.

2. Den Teig zugedeckt bei Zimmertemperatur etwa 40 Minuten gehen lassen, bis er gut um die Hälfte aufgegangen ist.

3. Inzwischen eine Quicheform oder eine Springform von 24 cm Ø mit Kokosfett einfetten. Beide Käsesorten reiben und mischen. Die saure Sahne mit 1 Teelöffel Thymian, 1/4 Teelöffel Salz, dem Schabzigerklee und Pfeffer verquirlen. Die Oliven auf einem Sieb abtropfen lassen.

4. Den Teig kurz durchkneten und auf der leicht bemehlten Arbeitsfläche ausrollen. Die Form damit auslegen, einen Rand von 2 1/2 cm hochziehen. Den Teig gehen lassen, bis die Zwiebeln vorbereitet sind.

5. Die Zwiebeln quer in 3 gleich dicke Scheiben schneiden. Aus jeder Scheibe mit dem Apfelausstecher in der Mitte ein Loch (für die Oliven) ausstechen.

6. 2 Eßlöffel Öl mit 1 Eßlöffel Wasser in einer großen Pfanne schwach erhitzen. Die Zwiebelscheiben und die ausgestochenen Stücke nebeneinander hineinlegen. Bei schwacher Hitze zugedeckt von jeder Seite etwa 2 Minuten braten, bis die Scheiben fast bißfest sind. Sie dürfen nicht auseinanderfallen!

7. Den Backofen auf 220° vorheizen. Den Käse (bis auf 2 Eßlöffel) auf den Teigboden streuen. Die saure Sahne darüber gießen. 1 große Zwiebelscheibe in die Mitte legen, die übrigen drumherum anordnen. Den Rand mit kleinen beziehungsweise halbierten Scheiben ausfüllen.

8. Die Zwiebeln mit dem restlichen Käse und dem übrigen Thymian bestreuen. Die Oliven in die Mitte der Scheiben und an den Rand setzen. Die Paprikaschote in Dreiecke und Streifen schneiden und diese dekorativ in die Zwischenräume legen.

9. Die Quiche in den Backofen (unten) schieben und etwa 35 Minuten backen, bis die Oberfläche goldgelb und der Rand hellbraun ist. Die gebackene Quiche auf einem Kuchengitter einige Minuten abkühlen lassen, dann auf eine Platte heben und lauwarm servieren. Dazu schmeckt ein Frischkostsalat aus Chicorée und Broccoli.

Auf knusprigem Hefeteig schmeckt der saftige Zwiebelbelag besonders gut

Zuckermais in Quark-blätterteig

Eine knusprige Knabberei – als Vorspeise, kleine Mahlzeit oder für Ihre nächste Party.

Zutaten für 4–8 Personen:
250 g trockener Schichtkäse
150 g weiche Butter
2 leicht gehäufte Eßl. Hefeflocken
5 Eßl. Sesamsamen
Meersalz
260 g Weizen, mit je 1/4 Teel.
Kümmel und Koriander, feingemahlen
8 Zuckermaiskolben
1 Ei
150 g Crème fraîche
5 Eßl. Joghurt
3 Teel. mittelscharfer Senf
1 Stück rote Paprikaschote
(etwa 50 g)
Für das Backblech:
ungehärtetes Kokosfett

Für Gäste

Bei 8 Personen pro Portion:
2200 kJ/520 kcal
15 g Eiweiß · 31 g Fett
46 g Kohlenhydrate
11 g Ballaststoffe

- Ruhezeit für den Teig:
  4–12 Stunden
- Zubereitungszeit: etwa
  1 1/4 Stunden (davon
  30–35 Minuten Backzeit)

1. Den Schichtkäse mit der Butter, den Hefeflocken, 4 Eßlöffeln Sesamsamen und 3/4 Teelöffel Salz gründlich verrühren. Das gewürzte Mehl unterarbeiten.

2. Den weichen Teig 4–12 Stunden zugedeckt kalt stellen.

3. Dann die Maiskolben gegebenenfalls aus den grünen Hüllblättern schälen, die Narbenfäden entfernen und das untere Strunkstück abschneiden. Die Kolben nicht waschen (sie waren ja gut eingepackt), auch nicht salzen oder würzen, sonst ziehen sie Feuchtigkeit an und die Teighülle wird nicht knusprig.

4. Das Blech mit Kokosfett einfetten. Den Backofen auf 200° vorheizen.

5. Den Teig halbieren. Die eine Hälfte wieder kalt stellen. Die andere auf der leicht bemehlten Arbeitsfläche 2–3 mm dick zu einem Rechteck ausrollen (nicht zu dünn, sonst reißt der Teig beim Backen). Die Teigplatte in 4 gleich große Stücke teilen. Das Ei verquirlen und die Teigränder damit bestreichen. In jedes Teigstück 1 Maiskolben wickeln und die Ränder gut zusammendrücken.

6. Den Teigmantel mit verquirltem Ei bestreichen, mit dem restlichen Sesam bestreuen und diesen leicht andrücken. Die Teigpäckchen auf das gefettete Blech legen. Mit dem restlichen Teig und den übrigen Maiskolben ebenso verfahren.

7. Die Maiskolben im Backofen (Mitte) 30–35 Minuten backen, bis die Teighülle hellbraun und knusprig ist.

8. Inzwischen für die Sauce die Crème fraîche mit dem Joghurt und dem Senf verquirlen. Die Paprikaschote entkernen und in sehr kleine Würfel schneiden. Die Paprikawürfel (bis auf einen kleinen Rest zum Garnieren) unter die Sauce rühren, mit Salz abschmecken. Die restlichen Paprikawürfel darüber streuen.

9. Die Maiskolben frisch aus dem Ofen mit der Sauce servieren. Dazu schmeckt ein bunt gemischter Salat, zum Beispiel Frisée mit Kürbisstreifen oder Zucchini, Tomaten und Paprika mit einer Kräutervinaigrette.

Tip!

Vielleicht können Sie die Kolben noch mit der grünen Umhüllung bekommen oder gar im eigenen Garten ernten? Dann sollten Sie die inneren Hüllblätter und die grünen Narbenfäden nicht wegwerfen. Mit etwas Liebstöckel und Petersilie ausgekocht ergeben sie eine sehr aromatische, zart duftende Gemüsebrühe.

Ein sehr vielseitiges Gericht – der Mais schmeckt als Vorspeise, Imbiß oder auch als Teil eines Buffets

Möhrencurry mit Mangostreifen

Zu diesem exotisch gewürzten Gericht schmeckt körniger Naturreis, mit Wildreis gemischt, am besten.

Zutaten für 4 Personen:

4 Eßl. Korinthen
6 Eßl. trockener Weißwein,
ersatzweise 5 Eßl. Apfelsaft und
1 Eßl. Zitronensaft
70 g Cashewnüsse
200 g kleine Zwiebeln
500 g Möhren
1 reife Mango
4 Eßl. Sonnenblumenöl
12 Korianderkörner
1 Teel. gekörnte Gemüsebrühe
1 unbehandelte Zitrone
8 Eßl. saure Sahne (etwa 120 g)
4–5 Teel. frische Ingwerwurzel, feingerieben
2 Teel. Currypulver
Cayennepfeffer
Meersalz
20 g Butter

Raffiniert

Pro Portion etwa:
1600 kJ/380 kcal
7 g Eiweiß · 26 g Fett
29 g Kohlenhydrate
7 g Ballaststoffe

- Marinierzeit: etwa 1 Stunde
- Zubereitungszeit: etwa 1 Stunde 10 Minuten

1. Die Korinthen heiß waschen, abtropfen lassen, mit dem Wein mischen und mindestens 1 Stunde quellen lassen.

2. Die Cashewnüsse in einer Pfanne ohne Fett bei schwacher Hitze hellgelb rösten; gelegentlich umrühren.

3. Inzwischen die Zwiebeln halbieren und längs in Spalten schneiden. Die Möhren sauber bürsten und in etwa 2 mm dicke Scheiben schneiden; das geht gut mit der elektrischen Brotschneidemaschine.

4. Die Mango dünn schälen. Dann das Fruchtfleisch mit einem scharfen Messer längs vom Stein schneiden und in schmale Spalten teilen.

5. Das Öl in einer großen Pfanne schwach erhitzen und die Zwiebeln darin unter gelegentlichem Umrühren hellgelb braten. Den Koriander im Mörser oder mit dem Nudelholz auf einem Brett grob zerdrükken und etwa 2 Minuten mit den Zwiebeln braten.

6. Die Möhren, die gekörnte Brühe, die Korinthen mit der Einweichflüssigkeit und 6 Eßlöffeln Wasser zu den Zwiebeln geben. Alles mischen und bei schwacher Hitze zugedeckt etwa 10 Minuten dünsten, bis die Möhren bißfest sind.

7. Inzwischen die Zitrone heiß waschen und abtrocknen. Eine Hälfte der Zitrone mit dem Sparschäler dünn schälen und die Schale in sehr feine Streifen schneiden. Die Zitrone auspressen.

8. Die saure Sahne mit 5 Eßlöffeln Zitronensaft, der Zitronenschale, dem Ingwer, dem Curry, 1 Prise Cayennepfeffer und etwas Salz verquirlen. Die Zitronensahne unter die Möhren rühren. Die Pfanne von der Kochstelle ziehen.

9. Die Butter in einem Topf schwach erhitzen. Die Mangostreifen darin wenden und 1–2 Minuten ziehen lassen. Dann die Mangostreifen unter das Gemüse heben. Abschmecken und kurz vor dem Servieren die Cashewnüsse darüber streuen.

Tip!

Mangos schmecken nur, wenn sie richtig ausgereift sind. Sie duften dann aromatisch und das Fruchtfleisch gibt auf Fingerdruck leicht nach. Unreife Früchte können Sie bei Zimmertemperatur nachreifen lassen. Reife Mangos sollten Sie möglichst bald verbrauchen. Sie lassen sich nur kurze Zeit im Gemüsefach des Kühlschranks aufbewahren. Bitte achten Sie darauf, daß die Früchte nicht zu weich werden, sonst lassen sie sich kaum noch in Spalten schneiden. Vorsicht beim Mango-Essen: Mangosaft verursacht Flecken, die sich nicht mehr entfernen lassen.

Ein exotisches Gericht, das ganz leicht gelingt

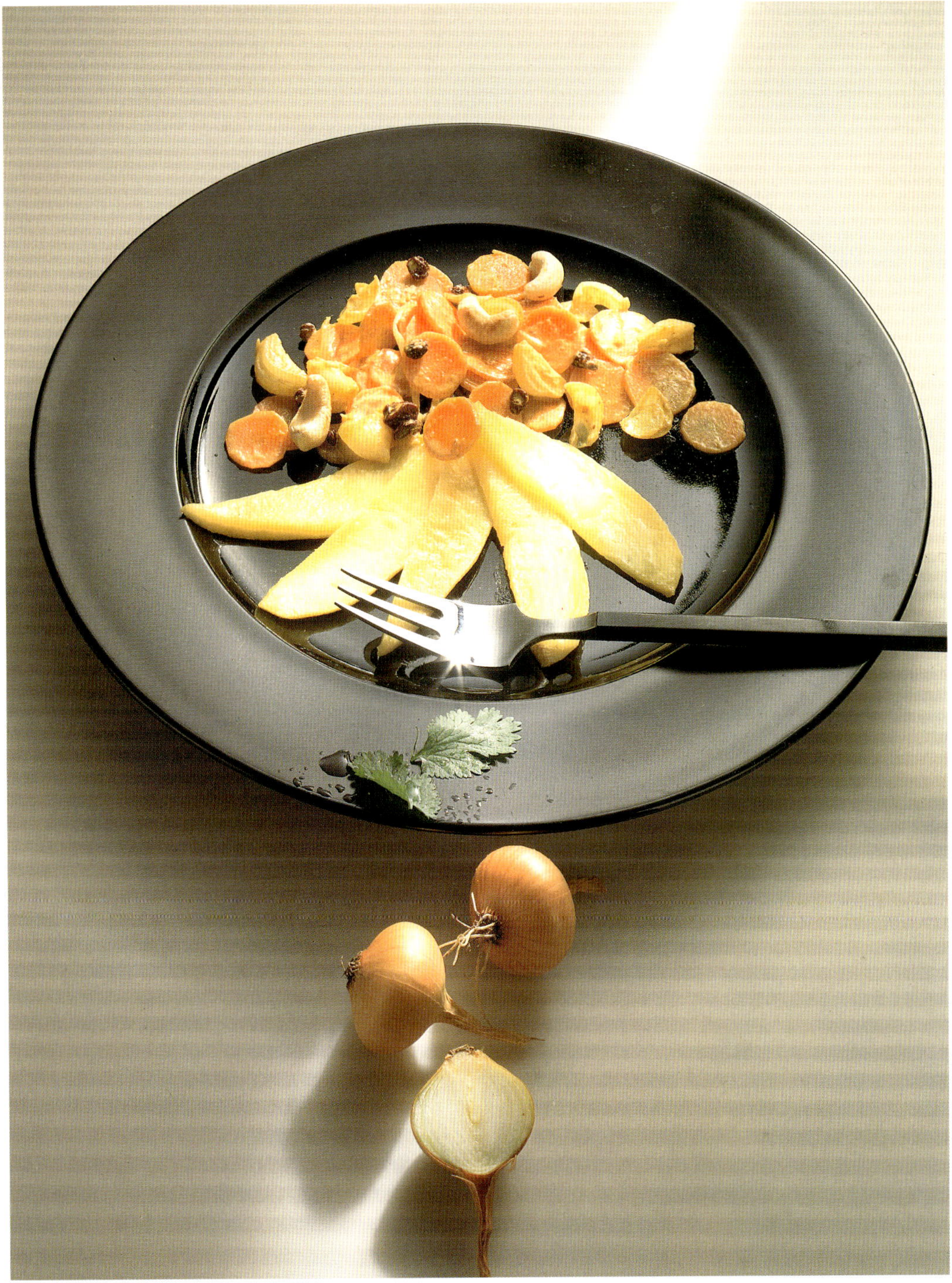

Zum Gebrauch

Damit Sie Rezepte mit bestimmten Zutaten noch schneller finden können, stehen in diesem Register zusätzlich auch beliebte Zutaten wie Tomaten oder Paprikaschoten – ebenfalls alphabetisch geordnet – über den entsprechenden Rezepten.

IMPRESSUM

Umschlag-Vorderseite:
Das Rezept für Tomaten mit Hirsefüllung und Bohnen finden Sie auf Seite 32.

Wichtiger Hinweis

Kaufen Sie möglichst nur gereinigtes Getreide. Schmutz und Unkrautsamen (vor allem Samen der giftigen Kornrade) dürfen nicht enthalten sein. Das gleiche gilt für das heute wieder häufiger auftretende Mutterkorn, das vor allem im Roggen vorhanden ist. Es ist ein deutlich erkennbares, schwärzliches und meist stark vergrößertes Korn. In größeren Mengen verzehrt, kann es lebensgefährliche Vergiftungserscheinungen hervorrufen. Wenn Ihr Händler jedoch bestätigt, daß das Korn durch eine Reinigungsanlage für Getreide gelaufen ist, können Sie sicher sein, daß es keine Verunreinigungen enthält. Das in Hülsenfrüchten (Schoten oder Samen) – mit Ausnahme von jungen Erbsen – enthaltene natürliche Gift Phasin wird nur durch ausreichendes Garen unschädlich gemacht. Keimlinge von Hülsenfrüchten sollten daher besser kurz erhitzt/ blanchiert und nicht zu oft verzehrt werden.

Die Deutsche Bibliothek – CIP-Einheitsaufnahme

Gemüse – gesund und raffiniert:
Vegetarische Rezepte für köstliche Suppen, Vorspeisen und Aufläufe / Ingrid Früchtel. – 2. Aufl. – München: Gräfe und Unzer, 1991 (GU Küchen-Ratgeber)
ISBN 3-7742-1113-2
NE: Früchtel, Ingrid; Teubner, Odette

2. Auflage 1991
© Gräfe und Unzer GmbH, München

Redaktion: Cornelia Schinharl
Layout: Ludwig Kaiser
Typographie: Robert Gigler
Herstellung: Ulrike Laqua
Fotos: Odette Teubner, Kerstin Mosny
Umschlaggestaltung: Heinz Kraxenberger
Satz: GSD, München
Reproduktionen: SKU, München
Druck: Staudigl, Donauwörth
Bindung: Sellier, Freising
ISBN 3-7742-1113-2

Ingrid Früchtel

beschäftigt sich – nach Abschluß ihres Hochschulstudiums – seit über 20 Jahren mit der Vollwert-Ernährung in Theorie und Praxis. Ihre Erfahrungen gibt sie in zahlreichen Kursen und Seminaren weiter. Durch ihre erfolgreichen Kochbücher ist sie eine anerkannte Autorität auf dem Gebiet der Vollwertkost geworden. Ingrid Früchtel lebt in Oberfranken in einem Bauernhaus mit großem Garten. Ihre Tochter, Annette Früchtel, hat zu diesem Kochbuch erhebliche Teile beigetragen.

Odette Teubner

wurde durch ihren Vater, den international bekannten Food-Fotografen Christian Teubner, ausgebildet. Anschließend widmete sie sich einige Monate der Modefotografie. Heute arbeitet sie ausschließlich im Studio für Lebensmittelfotografie Teubner. In ihrer Freizeit ist sie begeisterte Kinderporträtistin – mit dem eigenen Sohn als Modell.

Kerstin Mosny

besuchte eine Fachhochschule für Fotografie in der französischen Schweiz. Danach arbeitete sie als Assistentin bei verschiedenen Fotografen, unter anderem bei dem Food-Fotografen Jürgen Tapprich in Zürich. Seit März 1985 arbeitet sie im Fotostudio Teubner.